2mins

两分钟教你学会
能救命的简单小动作

主编　成向东

北京市鼓楼中医医院康复科　主任医师

中国纺织出版社有限公司

图书在版编目（CIP）数据

两分钟教你学会能救命的简单小动作 / 成向东主编
. -- 北京：中国纺织出版社有限公司，2020.8
ISBN 978-7-5180-7191-3

Ⅰ．①两… Ⅱ．①成… Ⅲ．①健身运动—基本知识
Ⅳ．①G883

中国版本图书馆 CIP 数据核字（2020）第 033484 号

主　　编　成向东
副 主 编　胡　雪
编 委 会　成向东　胡　雪　石艳芳　张　伟　石　沛　赵永利
　　　　　杨　丹　余　梅　熊　珊　李　迪

责任编辑：傅保娣　　责任校对：王蕙莹　　责任印制：王艳丽

中国纺织出版社有限公司出版发行
地址：北京市朝阳区百子湾东里 A407 号楼　邮政编码：100124
销售电话：010 － 67004422　传真：010 － 87155801
http://www.c-textilep.com
中国纺织出版社天猫旗舰店
官方微博 http://weibo.com/2119887771
北京通天印刷有限责任公司印刷　各地新华书店经销
2020 年 8 月第 1 版第 1 次印刷
开本：710×1000　1/16　印张：8
字数：73 千字　定价：45.00 元

在快节奏的生活环境中，许多人都压力"山大"，再加上缺乏足够的时间去运动健身，导致不少人身体抵抗力降低，不经意间就会被亚健康和小病小痛盯上。

当身体出现了不适时，除了配合医生做治疗之外，还可以做一些简单的小动作辅助调理，从而激发身体自愈力，促进身体恢复健康。比如，搓搓两手大鱼际，有利于防止感冒；揉揉肚子，有利于缓解胃痛；做做肠胃操，有利于养护肠胃，调理便秘、腹泻等；手腕动一动，有利于预防"鼠标手"。

对于被高血压、糖尿病、高脂血症等慢性病困扰的群体，适当的运动有利于稳定病情。例如，按按神庭穴，可以缓解高血压引起的头晕、头痛；散散步、做做操，轻松降血糖；学着"怪样"行走，能够健身去脂。

当您对自己的身材和长相不满意时，小动作也能帮你减肥、美容：侧举"哑铃"，有利于打造纤细美腿；十指抚面，能让面部变得光鲜；伸展式瑜伽，能减掉烦人的大肚腩。

另外，还有一些小动作是突发疾病时的"救命稻草"。例如，突发晕厥，掐人中来急救；流鼻血，中指互勾能止血；中了暑，捏捏按按能缓解等。

本书根据现代人的生活特征，精心安排了一系列防病治病的小动作，旨在悉心呵护您和家人的健康。书中小动作简单有效，省时省力，人人都能学得会、用得上。当身体出现不适时，每天花几分钟时间，动动手、晃晃腰、踢踢腿，可以赶走疾病，获得健康！

成向东

2020 年 2 月

4个小动作，自测身体状况

测试 1 屏气

检测肺活量

测试方法：通过屏气测试能够让你察觉自己的肺部是否健康。游泳或者洗浴时，先深吸一口气，然后将头埋进水里，屏住呼吸，再缓缓吐气，看能维持多长时间。

测试标准：如果在 30 秒以上，说明你的肺很健康；能达到 1 分钟，则说明你的肺很强壮。

检测心脏功能

测试方法：测试前先静坐 5 分钟，测得每分钟脉搏数 A；然后身体直立，上体微向前屈，再还原，其实就是鞠躬的姿势，连续做 20 个（频率适中），继续测出脉搏数 B；休息 1 分钟，再测脉搏数 C。

测试标准：将三次测的脉搏数相加，减200，再除以10。结果在 0 ~ 3 之间，说明心脏强壮；在 3 ~ 6 之间，说明心脏良好；在 6 ~ 9 之间，说明心脏状态一般；在 9 以上，恐怕你要时刻关注心脏问题了。

测试 2 鞠躬

检测老化程度

测试方法： 双手自然下垂，紧贴大腿两侧，闭上眼睛，用一只脚站立，另一人看秒表。根据其单脚独立稳定不移动的时间，来测老化程度。

测试标准： 30 ~ 39 岁男性为 9.9 秒；40 ~ 49 岁男性为 8.4 秒；50 ~ 59 岁男性为 7.4 秒；60 ~ 69 岁男性为 5.8 秒。女性比男性推迟 10 岁计算，40 ~ 49 岁为 9.9 秒。站立时间越长，老化程度越慢。

测试 3 单脚站立

测试 4 抬腿动作

检测平衡性

测试方法： 在平坦的地面上将双脚并拢，身体站直。左脚保持不动，右脚稍稍抬高，然后闭上双眼，在心中默数 10 个数字。

测试标准： 如果数数期间你的身体晃动了，就说明你的平衡性还不够好，需要加强平衡锻炼。

第2章 养心健脑操
控"三高"，防心脑血管病

第3章 伸伸臂，扭扭腰
应对常见职业病

第4章 **减肥健美操**
控制体重防肥胖

第5章 突发急症怎么办 按按捏捏能救命

第 1 章

小病小痛不求医

动出自愈力，调理常见病

001 流感季节动一动 有效防感冒

感冒，俗称"伤风"，是日常生活中最常见的疾病之一，通常在季节交替时，尤其是冬春交替时容易发病。普通感冒又分为风寒感冒、风热感冒等。

典型症状 ●●●

风寒感冒：恶寒重，发热轻或不发热，头痛无汗，身体酸痛，鼻塞声重，流清涕，喉咙发痒，咳嗽有白痰。

风热感冒：发热重，微恶寒，汗出不畅，头胀且痛，咳嗽有痰，痰黏稠发黄，鼻塞流黄浊涕，咽喉肿痛。

按揉鱼际穴 缓解感冒咳嗽

操作方法 ●●●

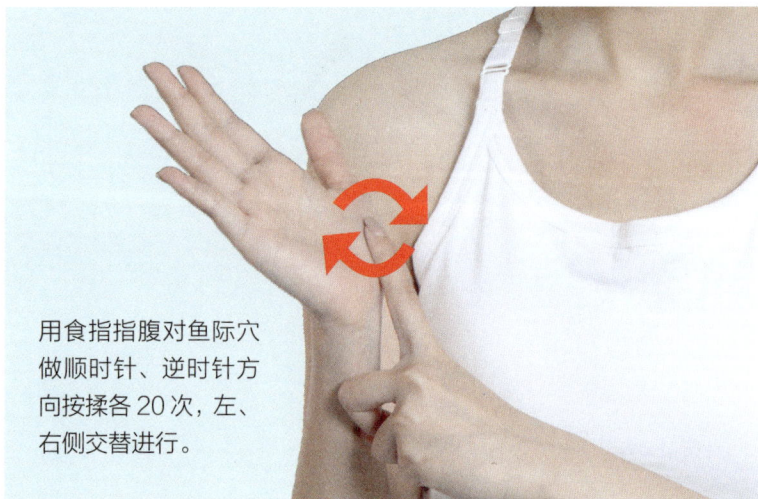

用食指指腹对鱼际穴做顺时针、逆时针方向按揉各 20 次，左、右侧交替进行。

功效 按揉鱼际穴有清热利咽的功效，可以缓解风热感冒引起的咳嗽。

小贴士

鱼际穴：在手掌部，第1掌骨桡侧中点赤白肉际处。

感冒期间可以吃水果吗？

感冒是由于免疫力下降、病毒入侵所致，感冒期间可多吃富含维生素的水果，也可以多喝一些果汁，这样有利于感冒的恢复。

干
洗
脸
、
捏
捏
鼻

提高免疫力，防感冒

扫一扫，看视频

1 干洗脸，36 下。

2 深呼吸 16 下，再用
右手拇指和食指捏
鼻子 36 下。

小 贴 士

这套小动作宜
早、晚各做一次。

功效 可促进血液循环、解表散热、提高机体免疫力，有效
预防感冒。

002 瑜伽护肺
咳嗽好得快

咳嗽是呼吸系统疾病中最常见的症状之一。中医认为，咳嗽是由饮食不当，脾虚生痰或外感风寒、风热及燥热等原因造成肺气不宜、肺气上逆所致。

典型症状 ●●●

外感咳嗽痰多稀薄、鼻塞、流涕、舌苔薄白；内伤咳嗽痰多白黏、胸闷、苔腻、脉滑。

操作方法 ●●●

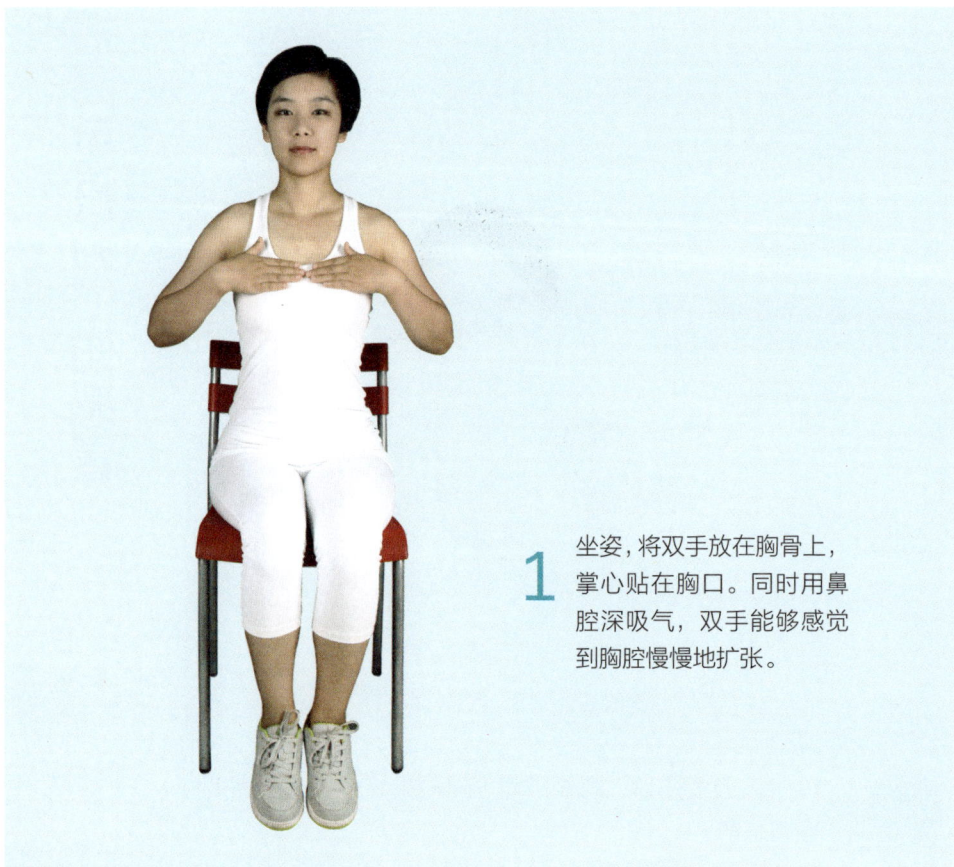

1 坐姿，将双手放在胸骨上，掌心贴在胸口。同时用鼻腔深吸气，双手能够感觉到胸腔慢慢地扩张。

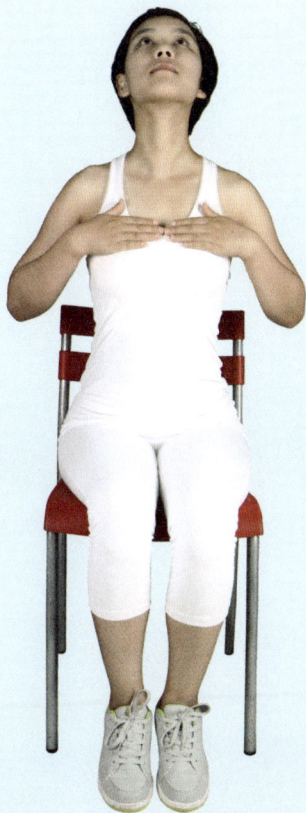

2 下颌缓慢上提，彻底打开胸腔，缓慢呼气，感受胸腔慢慢地收回。

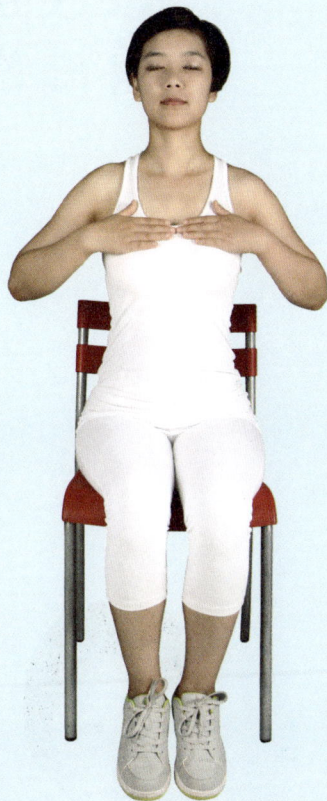

3 下颌收回，闭上双眼，加速呼吸几次。

功效 增大胸腔容积，有助于大量新鲜空气吸入肺部，促进肺部血液循环，排除身体内的浊气。

── 止咳润肺 4 大妙招 ──

多喝水，不吃辛辣刺激性食物；注意保暖，感冒后彻底调理；喝点中药茶，如"青果＋胖大海"泡茶喝，效果很好；多锻炼身体，增强抵抗力。

小贴士

经常练习瑜伽护肺操，可以通过瑜伽体式打开身体，尤其是胸廓和肺脉，有助于更好地促进深层次呼吸，让新鲜空气和血液在肺部更好地运行。

003 按按捏捏 改善慢性鼻炎

慢性鼻炎是由于鼻腔血管的神经调节功能紊乱，导致以鼻黏膜血管扩张、腺体分泌增多为特征的慢性炎症。

典型症状 ●●●

鼻塞、多涕、嗅觉下降、头痛、头晕。

操作方法 ●●●

1 先搓热两手背，然后空心握拳，拳心相对。

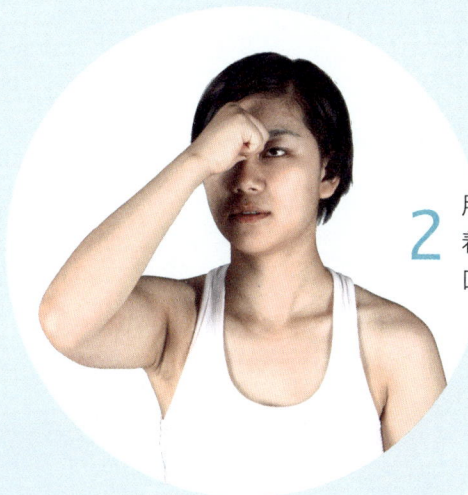

2 用拇指中部弯凸处自眉间顺着鼻梁两侧往下刮，刮至鼻孔口，每次 60 下。

3 用食指在迎香穴（鼻孔两侧凹陷处）旋转按压 50 ~ 60 下，早、中、晚各一次。

功效 学"猫洗脸"，可以按摩鼻翼两侧的迎香穴，能够畅通鼻窍、缓解慢性鼻炎。

葱汁塞鼻，缓解慢性鼻炎

取几段葱白，捣烂，放几小团指甲盖大小的药棉浸葱汁，然后用棉签蘸淡盐水清洁鼻孔，再将浸了葱汁的药棉塞入鼻孔内，保持数分钟后，再更换新的棉花团。每次如此塞 30 分钟至 1 小时，每天 2 ~ 3 次即可。

小贴士

如果是感冒引起的鼻炎,可用手蘸白酒(1 勺)在鼻子两侧和耳根下方两边各旋转摩擦 40 下,早、晚各 1 次。

004 张口闭口
保护咽喉

慢性咽炎是指咽部黏膜、淋巴组织及黏液腺的弥漫性炎症，常反复发作，经久不愈。

典型症状 ●●●

咽部不适感、异物感、烧灼感、干燥感、微痛感。

操作方法 ●●●

1 口张开，默念"啊"字。上腭尽量上提，舌头在口腔内做自然伸缩运动。

2 收口。收拢口型，默念"嗷"字。两腮尽量往里吸，上腭上提，下颌骨微向下拉开，让舌头在口腔内做自然伸缩活动。通过收拢口型，使得咽部上下左右都随之运动。

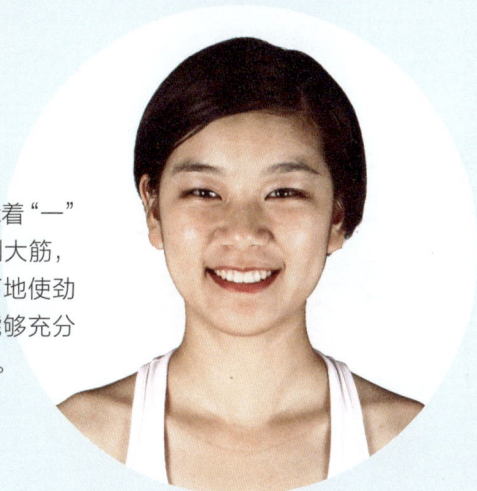

3 咧口。咧嘴，心里默念着"一"字，并牵动脖子两侧大筋，舌贴下牙床一上一下地使劲挤下牙床，使舌根能够充分活动，促进血液循环。

功效 张口闭口能够促使咽部在伸拉运动中加速血液循环，增强抵抗力。

柠檬茶，滋阴降火润咽喉

将柠檬切成薄片，一片柠檬一层糖（白砂糖即可），码放在瓶子里，最后用蜂蜜泡上。一个星期后就能喝了，每天早晨用温水泡一片喝，可以润喉。

小贴士

这样运动出唾液之后，要将唾液徐徐咽下，以润泽喉部。

005 动动手脚 保护胃

慢性胃炎是由各种病因引起的胃黏膜慢性炎症，是常见病，可以分为浅表性胃炎和萎缩性胃炎两种。

典型症状 ●●●

上腹隐痛、食欲减退、餐后饱胀、反酸。

按摩腹部丹田法

缓解慢性胃炎引起的胃肠不适

操作方法 ●●●

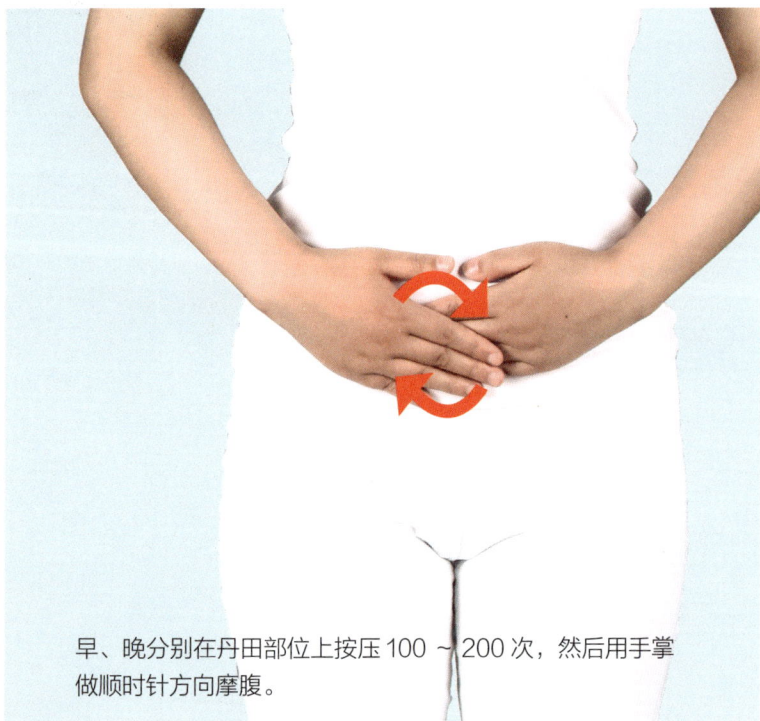

早、晚分别在丹田部位上按压 100 ~ 200 次，然后用手掌做顺时针方向摩腹。

小贴士

丹田在肚脐下 3 寸的位置。

功效 按摩丹田部位可疏通经络、活血化瘀，防止慢性胃炎引起的胃肠不适。

按压足三里

有效调节脾胃

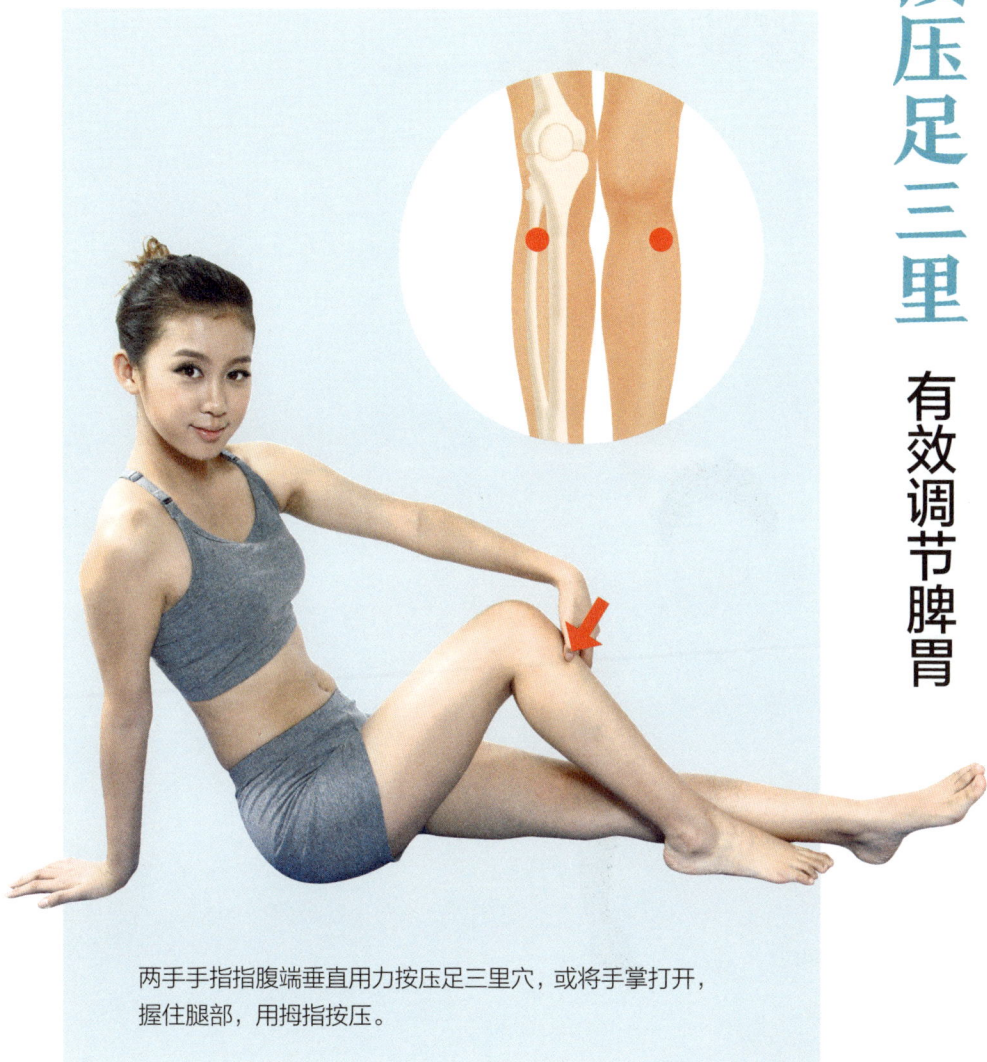

两手手指指腹端垂直用力按压足三里穴，或将手掌打开，握住腿部，用拇指按压。

功效 足三里是人体重要的保健穴位，对于脾胃功能具有良好的双向调节作用。

小 贴 士

正坐，屈膝90°，手心对髌骨，手指朝向下，无名指指端处即足三里穴。

006 腰部扭摆 改善便秘

便秘是生活中最常遇见的问题，便秘时代谢产物久滞于消化道，久之细菌会产生大量有害物质，还会降低人体免疫力，引发各种疾病。

典型症状 ●●●

排便次数减少、粪便量减少、粪便干结、排便费力。

操作方法 ●●●

1 两腿并拢站立，双手于身后腰际处十指交叉相握，掌心朝上。腰部向右侧扭出的同时，双腿膝盖并拢也往右侧突出，而交握的双手往左侧突出。

2 腰部往左侧扭出，腿膝盖并拢往左侧突出，同时双手往右侧突出。掌握节奏重复上述动作 1 分钟。

功效 扭摆腰部，能够刺激肠道周围深层肌肉，改善便秘。

小 贴 士

腰部左右扭动将全身扭摆成"S"形，能锻炼肠道附近的深层肌肉，肠道也因此有活力。如果能坚持先喝水，然后做这项锻炼，就能从内在改善便秘的体质。

"点按" 除腹泻

腹泻是一种常见症状，是指排便次数明显超过平日习惯的频率，粪质稀薄，水分增加。

典型症状 ●●●

腹泻常伴有排便急迫感，肛门不适、失禁等症状。

做做胃肠操

强健肠胃

操作方法 ●●●

小贴士

由于做这个动作时，双足无法用力，不得不使腹部的肌肉用力，因此可以刺激肠胃，强化其功能。

躺在地板上，打开双手和双腿，成为"大"字型，再缓缓抬起上半身，该动作做 10 次。

功效 胃肠操有健脾益胃的功效，能够促进肠胃消化能力。

操作方法 ●●●

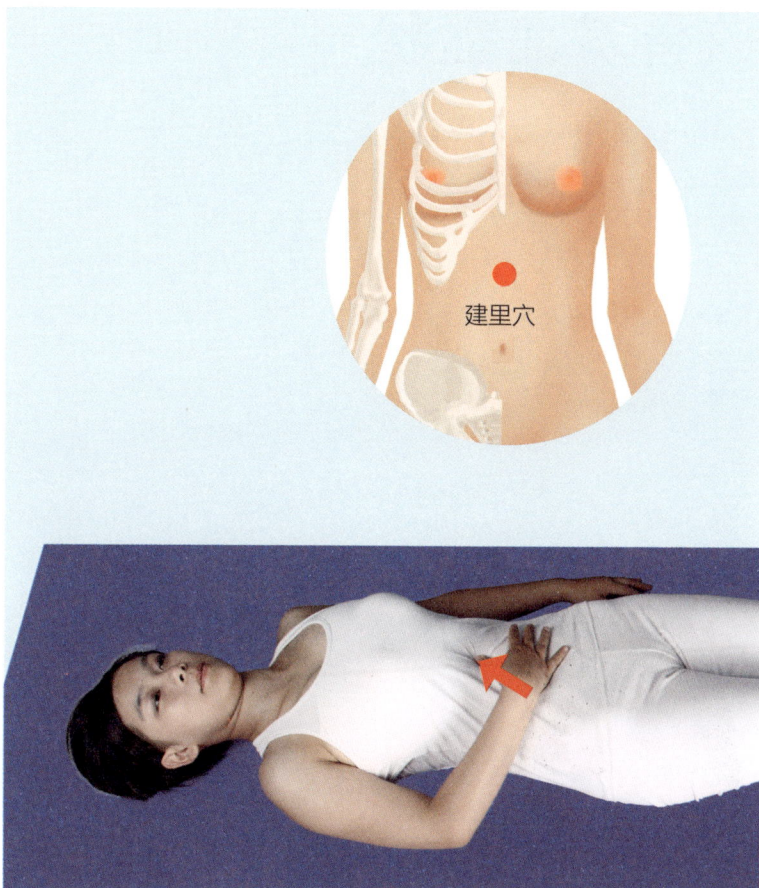

建里穴

按揉腹部建里穴

调节脾胃功能

用拇指按揉建里穴 10 ~ 15 分钟。

功效 按揉建里穴有调理脾胃、消食化滞的功效，可调理食欲不振、胃痛、腹泻。

┌─ 白扁豆粥，调理慢性腹泻 ─
将新鲜白扁豆 100 克或干扁豆 50 克，与粳米 100
克同煮为粥，每天早、晚温热服用。此粥对慢性腹泻、
食欲欠佳、消化不良者很适合。

小贴士

建里穴在上腹部，脐
中上 3 寸，前正中线上。

008 三个小动作 改善贫血症状

　　贫血是指血液中血红蛋白的数量较少。铁是构成血红蛋白的重要成分，临床常见的贫血多为缺铁性贫血，就是机体的铁含量减少。

典型症状 ●●●

　　轻度贫血无明显症状，但有的人会出现头晕、耳鸣、失眠、健忘、食欲减退等症状；严重者则会出现水肿、毛发干枯等症状。

操作方法 ●●●

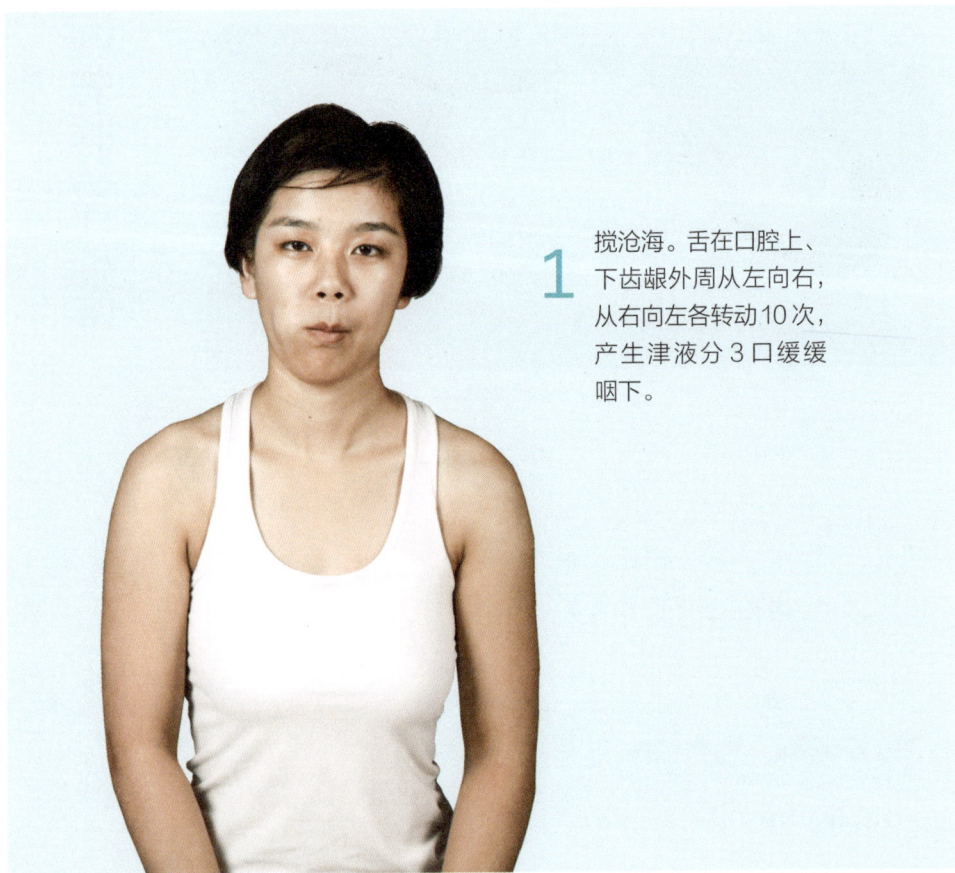

1 搅沧海。舌在口腔上、下齿龈外周从左向右，从右向左各转动10次，产生津液分3口缓缓咽下。

2 分阴阳。坐位或仰卧位，两手除拇指外其余四指并拢，中指相对于剑突下，全掌紧按皮肤，然后，自内向外，沿肋弓向胁肋处分推，并逐渐向小腹移动，共操作10次。

3 疏肋间。坐位，两手掌横置两腋下，手指张开，指距与肋间的间隙等宽，先用右掌向左分推至胸骨，再用左掌向右分推至胸骨，由上而下，交替分推至脐水平，重复10次。

功效 调理周身气血，让全身气血充沛。

贫血，就喝猪肝粥

将100克大米放入锅中，加水熬成薄粥，然后放入100克洗净切片的猪肝，加少许葱花、姜片及盐调味，至猪肝熟透即可，每日食用1～2次。

小 贴 士

做上述动作时，手指应紧贴肋间，用力宜均匀，以胸肋有温热感为好。

009 口外口内按摩
调理牙周疼痛

牙痛是口腔科疾病最常见的症状之一。很多口腔科疾病都能够引起牙痛，常见的有龋齿、牙髓炎、牙周炎、牙龈炎等。此外，某些神经系统疾病及身体的慢性疾病等也可能引起牙痛。

典型症状 ● ● ●

牙龈红肿、面颊部肿胀、遇冷热刺激痛。

操作方法 ● ● ●

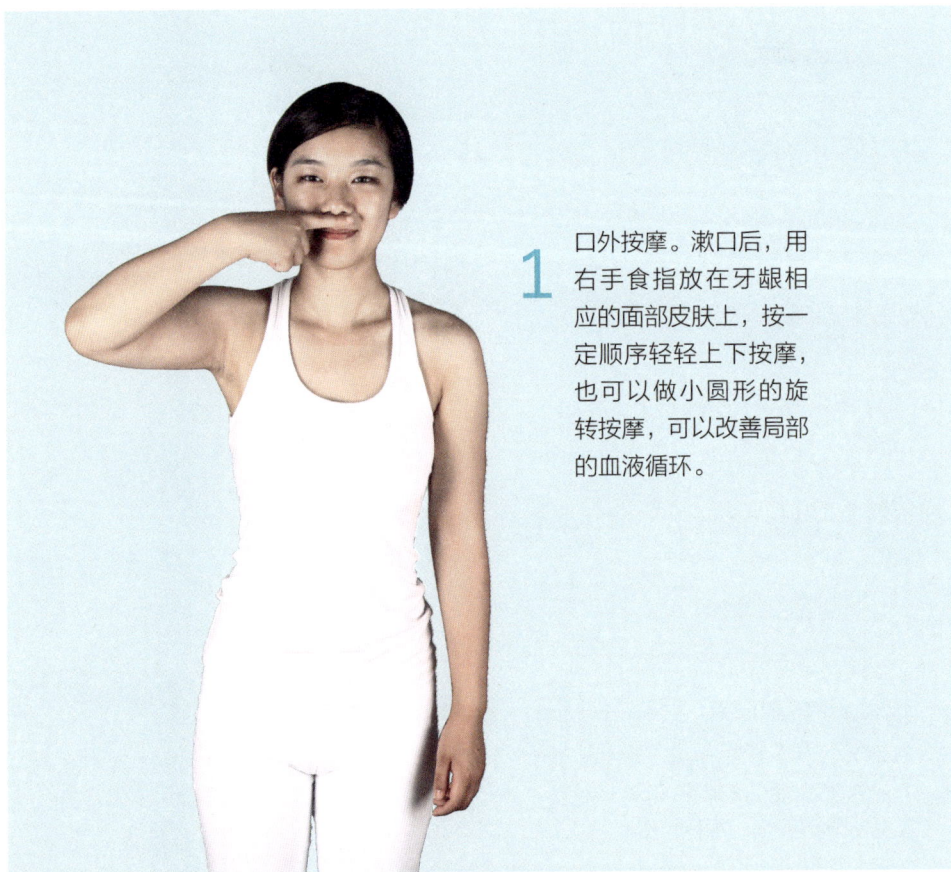

1 口外按摩。漱口后，用右手食指放在牙龈相应的面部皮肤上，按一定顺序轻轻上下按摩，也可以做小圆形的旋转按摩，可以改善局部的血液循环。

2 口内按摩。洗净右手，把食指放在牙龈黏膜上，来回按摩，也可以做小圆形的旋转按摩。反复数次，按摩后漱口。

功效 改善口腔周围血液循环，缓解牙周疼痛。

如何正确刷牙

把全口牙齿按上下、左右，分成若干小区（每区约包括2～3颗牙齿）；按照一定次序，如先上后下，先左后右，先外后内地刷洗，以免遗漏；唇颊面、腭舌面和咬合面（牙齿咀嚼食物那一面）都要刷洗到。

小贴士

用手指按摩时，要洗净手指，剪短指甲。

010 弹弹耳朵
增强听力

听力减退是指人们感受声音大小和辨别声音能力下降的一种表现，根据听力减退的程度不同，又称为重听、听力障碍、听力减退、听力下降等。另外，持续性的耳鸣，也会引起听力减退。

典型症状 ●●●

耳朵听不清、听不到声音。

操作方法 ●●●

1　双手拇指和食指夹住耳垂向下拉动，一拉一放为1遍，共做36遍。

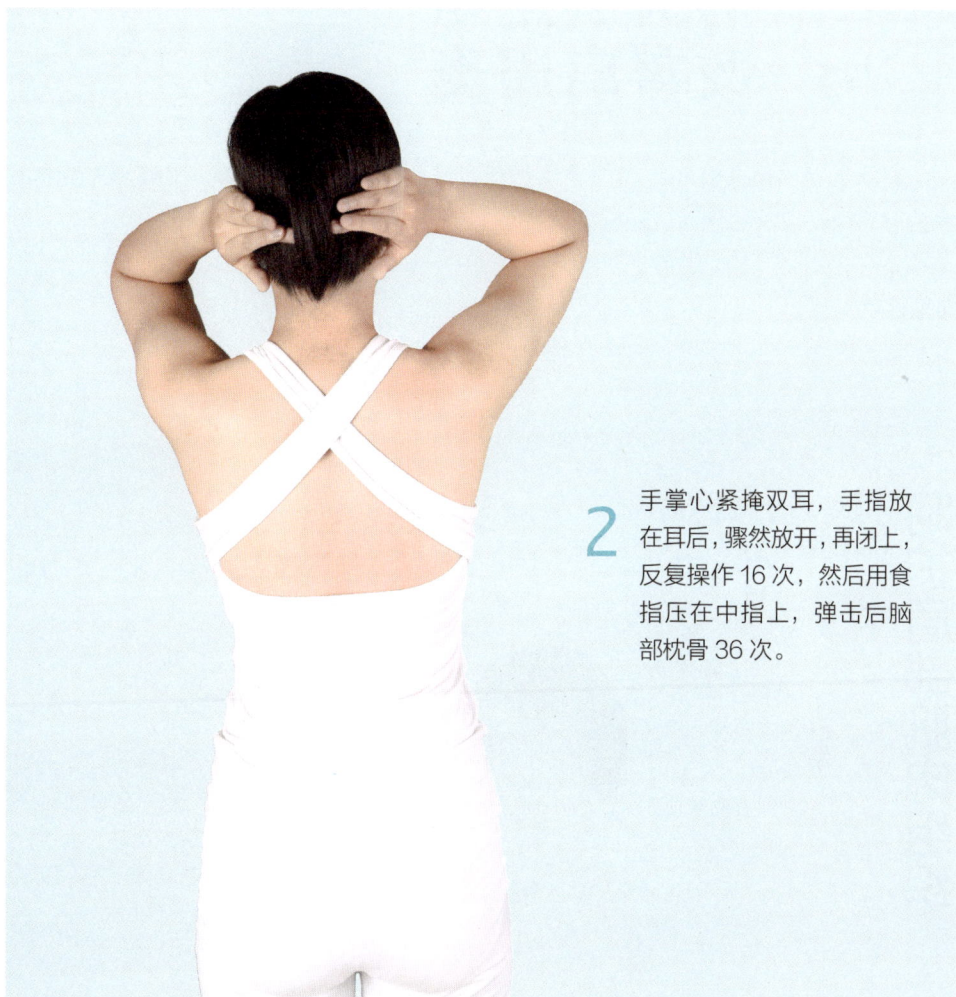

2 手掌心紧掩双耳，手指放在耳后，骤然放开，再闭上，反复操作 16 次，然后用食指压在中指上，弹击后脑部枕骨 36 次。

功效 有规律地弹击枕骨可疏通耳部经络，增强听力。

百合散，缓解耳鸣和听力减退

百合 90 克研成粉末，每次用温水冲服 9 克，每日 2 次，对阴虚火旺引起的耳鸣及听力减退疗效显著。

小 贴 士

弹击之力不宜太大、太猛，应根据患者的身体状况确定。

011 肩关节运动 改善肩周炎

肩周炎是指肩关节及其周围软组织退行性改变所引起的肌肉、肌腱、关节囊等肩关节周围软组织的慢性炎症反应。

典型症状 ●●●

肩部疼痛、活动受限、怕冷、肌肉痉挛。

肌肉运动法
呵护肩部肌肉组织

操作方法 ●●●

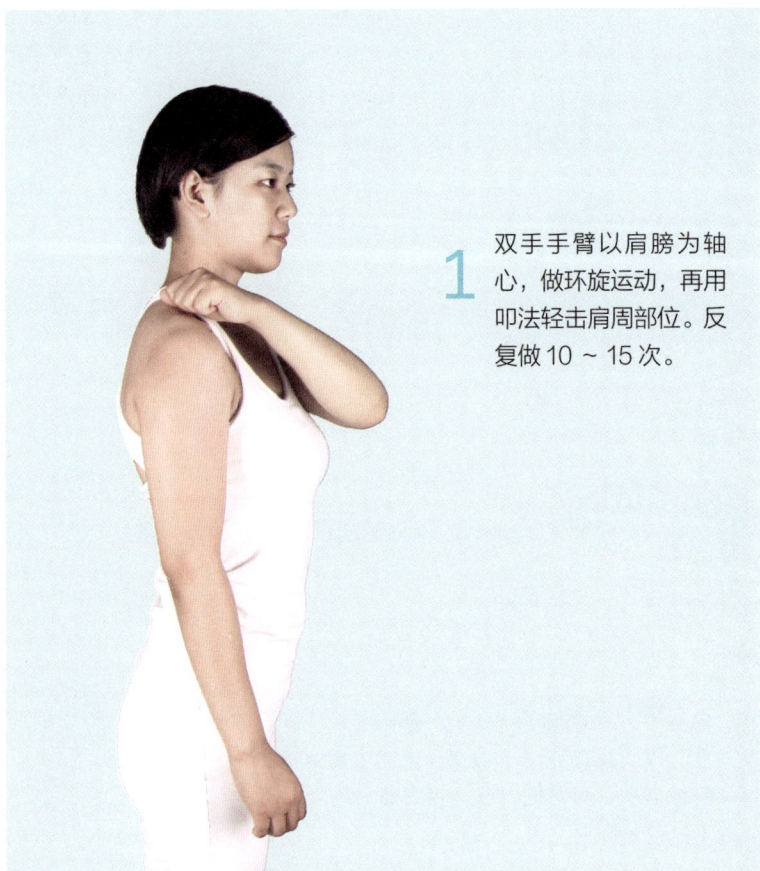

1 双手手臂以肩膀为轴心，做环旋运动，再用叩法轻击肩周部位。反复做10～15次。

扫一扫，看视频

2 用对侧手掌托住患侧肘部，做前后左右摆动肩膀的运动。

3 用对侧手掌托住患侧肘部，做向上抬举肩膀的运动。反复10次。

功效 每次做 10 分钟，对改善肩关节的粘连、肩部软组织的拘紧、挛缩有益。

生姜葱根泥外敷，缓解肩周疼痛

生姜 500 克和葱根 50 克切碎，捣成泥糊，小茴香 100 克和花椒 200 克捣成面，将四味混在一起，小火炒热，加白酒 150 克搅匀，装入纱布袋中，敷在患处。每晚 1 次，坚持调理。

小贴士

轻度肩周炎患者，坚持锻炼可以治愈。

钟摆运动
保护肩周

操作方法 ● ● ●

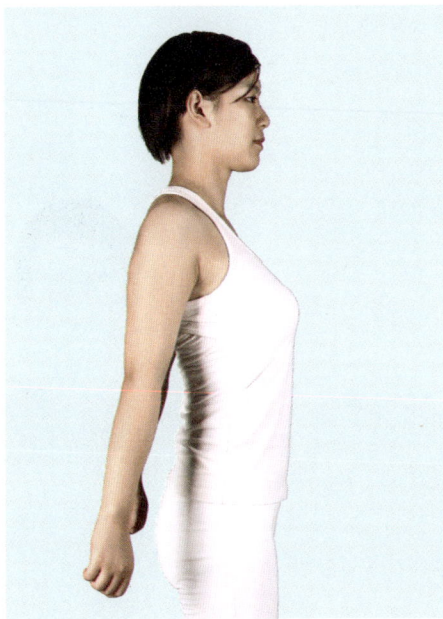

两手垂直向前甩2次之后，再往后甩2次。

功效

促进肩周血液循环，缓解肩周疼痛。

小贴士

刚开始甩的幅度可以小些，要逐渐地增大幅度。

转手臂
缓解肩周关节疼痛

操作方法 ● ● ●

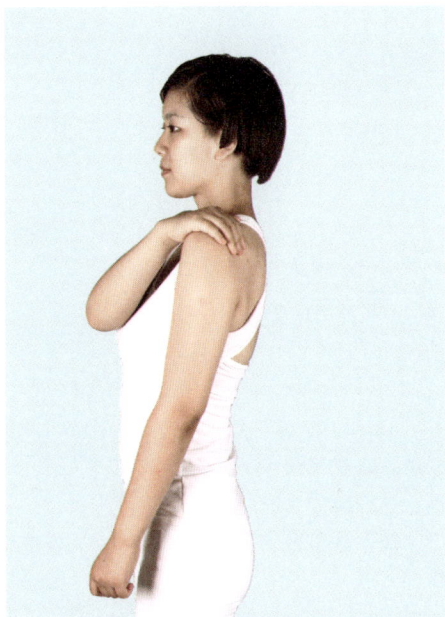

右手握住左肩，左肩按顺时针方向缓缓转动30次，再按逆时针方向转动30次。换另一肩做同样的动作。

功效

缓解肩周关节疼痛，有益于肩周炎的恢复。

小贴士

转动肩部时，尽可能不断提高肩部的高度，使手臂转动的幅度加大。

孙思邈是唐朝著名医药学家，人称"药王"。他在《备急千金要方》中提到长寿要诀。正是这种养生术，使得他年过百岁而视听不衰。

仿生小动作

燕子轻飞
练肩关节及心肺

张开双臂，做深呼吸3次，然后学燕子飞，使身体做原地旋转，顺时针、逆时针方向各5次，重复3遍。

仙鹤展翅
使心肺获益

自然站立，张开两臂，学仙鹤展翅飞翔，并配合做大呼吸20次。该动作要以胸式呼吸为主，尽量扩张胸廓，对冠心病、慢性阻塞性肺气肿、气管炎有较好的缓解作用。

熊蹲

保护腰膝

深吸一口气，然后运气沉于下丹田，然后将气运于腰膝，学大熊蹲走，转 1 圈。此动作对腰椎病、膝病、肾病有调理作用。

小狗摇头

改善头部血液循环

自然站立，两手伸开，学小狗摇摆头颅 20 次，然后左、右旋转各 10 次。此动作对颈椎病、脑动脉硬化有缓解作用。

猴子探花

练眼睛

左右手交替伸举于额头上做一个遮阳动作，左右腿交替弯曲，然后头颈及眼睛做左右摆探视各 10 次。此动作可调理各种眼病、颈椎病、脑动脉硬化。

青蛙跳跃

练腹部

下蹲，气运于腹，做腹式呼吸 3 次后，两手向前伸，学小青蛙蹦跳 5～10 次。久练则腰细腹小，气血运行流畅，可降低患男科病、妇科病及脾胃病的概率。

花猫扭腰

练腰椎及肾脏

两手叉腰，运气于腰，然后学花猫扭腰向前走5步，转身再走5步，重复3次。该动作对缓解腰椎病、肾病效果较好。

第 2 章

养心健脑操

控『三高』，防心脑血管病

012 简单小方法 消除头晕脑涨

在生活中，我们时常会出现头晕脑涨，这不仅影响正常的工作和生活，还会影响我们的健康。以下几个简单的动作，有利于消除头晕脑涨。

使头脑清醒 巧妙掩耳

操作方法 ● ● ●

1 每天清晨或临睡时，用手指摩挲两耳直至发热，手心迅速掩住双耳，接着左右扭颈做回头顾盼状，各6次。

2 用力点头如鸡啄米状6次，呵出浊气6口。

小贴士

左右扭颈时，速度不要过快，当心扭伤颈项。每日早、晚各做1次。

功效

耳朵周围穴位众多，如耳尖、翳风等，掩耳的同时按摩这些穴位，可起到疏通经络的作用。反复低头仰头，可促进头脑部血液循环。充足的血液可使人头脑清醒，让人放松。

操作方法 ● ● ●

咬牙切齿
防血栓

上下牙齿对合之后，用力一紧一松地咬合，咬紧时加倍用力，放松时也互不离开。

功效

咬牙切齿能使头部、颈部的血管随着肌肉运动一收一舒，可以保持血管弹性，加快血流循环，预防脑血栓。

操作方法 ● ● ●

高抬腿脚
缓解肩周关节疼痛

休息时，可将两腿高高跷起放在椅子上数分钟，借此机会喝杯茶，也可以保养身体。

功效

放松长时间绷紧的神经，使人神清气爽。

点按印堂穴

头晕轻松除

操作方法 ● ● ●

印堂穴

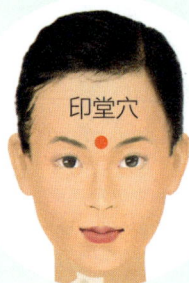

用食指指腹点按印堂3~5分钟。

功效 清头明目，通鼻开窍。可以缓解头晕、头痛、失眠。

神庭揉一揉

脑涨不再扰

操作方法 ● ● ●

神庭穴

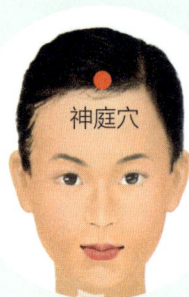

中指放在神庭穴上，用较强的力按压10次。然后再顺时针方向揉20~30圈，逆时针方向揉20~30圈。

功效 神庭穴是脑神居住的地方，它的主要作用是调控神经系统。神庭擅长调理神智方面的疾病，如惊悸、头晕、癫狂等。

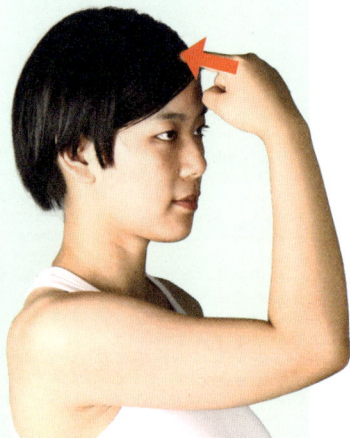

013 偏头痛
几招就缓解

偏头痛是一种令人烦恼的病痛，一旦被它盯上，就很难摆脱其困扰。调理偏头痛，不要一味用药物，是药三分毒，难免有不良反应。运动也是调理偏头痛的好方法，做做小动作也能够缓解偏头痛带来的困扰。

操作方法 ● ● ●

搓脖、摩耳
缓解偏头痛

1 每天早上先两手交替在脖子后来回搓摩 10 ~ 20 次。

2 然后用两手同时在两个耳朵后上下搓摩 10 ~ 20 次。

小贴士

每天早、中、晚饭前各做一次，有利于疼痛缓解。

功效 长期搓脖、摩耳可起到强壮元气、益肺补肾的功效，从而达到疏通脸部气血、醒脑提神、缓解偏头痛等作用。

热毛巾敷头颈
让头痛减轻

将热毛巾分别放在脑门、额头、太阳穴、颈部等位置热敷。每天 3 ~ 5 次，每次 20 ~ 30 分钟。

小贴士

对于中暑引起的头痛，可将热毛巾放在脑门上 5 分钟，每天敷两次，可以缓解。

功效 热敷可促进头部血液循环，从而改善头痛、头晕等症状。

敲打腿和脚

偏头痛不用愁

以拳头下缘敲打大小腿的内侧中线，由脚踝上缘向上敲小腿内侧中线、大腿内侧中线，一直敲到大腿根部。

功效 疏通肝胆经络，缓解长期晚睡引起的偏头痛、眩晕。

小贴士

左、右腿各敲 5～10分钟，早、晚各1次。

014 降压小动作

高血压，是以体循环动脉血压持续升高为特征的全身性疾病，可以引起血管、脑、心、肾等器官的损害。中医认为，高血压的病因以内伤为主，肝与肾的阴阳失调是导致本病的主要因素。

典型症状 ●●●

血压升高，伴有头痛、头晕、头胀、耳鸣、眼花、心慌、失眠等症状。

常做甩手操
平稳调节血压

操作方法 ●●●

扫一扫，看视频

1 甩手前身体站直，两眼平视前方，两臂自然下垂，掌心向内。

2 甩手时，两臂前后或左右来回摆动，前摆时两臂与身体的垂线夹角不超过60°，后摆时不超过30°。

3 摆动频率每分钟不宜超过60次，每日锻炼1或2次，每次甩手100～300下。

小贴士

甩手应选择空气新鲜的场所，不宜空腹或饭后马上进行。甩手时应全身放松，自然呼吸。运动中发生头晕、两臂酸沉等现象，要适当减量。

功效 甩手可以调节神经系统功能，能够帮助神经细胞从兴奋状态转入抑制状态，使过度兴奋而致功能紊乱的神经细胞恢复正常，对于调理高血压、头痛、神经衰弱等有作用。但做甩手操的同时应该坚持正规的降压药物调理。

操作方法 ● ● ●

两步降压操

降压效果好

1 提臂呼吸。两脚分立与肩同宽，两手托在下腹部，掌心向上。吸气时两臂弯曲，逐渐上提至下颌处。呼气时翻掌，掌心向下缓缓下按。注意鼻吸口呼，动作徐缓，一呼一吸为1次，做10～15次。

2 俯仰捶背。两腿直立，两手握空拳由下向上捶击腰部10次，在捶腰时，上体逐渐向前倾约45°，接着两拳由上向下捶击10次，同时上体尽量后仰，一俯一仰为1次，做10～12次。

功效 促进全身血液循环，使血压稳步下降。

┌─ 血压高的人，饮食上要注意哪些方面 ─
降低摄盐量，每日摄盐量要严格控制在6克以下；尽量少吃高热量、高脂肪、高胆固醇的"三高"食品，如五花肉、动物肝脏、香肠、螃蟹、油条等。

小贴士

做动作时不要憋气，吸气宜缓慢自如，呼气要自然。锻炼时如产生胸闷、头晕等，要马上暂停运动。

擦涌泉穴

缓解高血压引起的头晕眼花

操作方法 ● ● ●

用左手拇指按揉右侧足底涌泉穴2分钟，再换右手拇指按揉左侧足底涌泉穴2分钟，以有热感为度。

涌泉穴

功效

降低交感神经兴奋性，促进血液向外周流动，缓解头晕眼花、烦躁等症状。

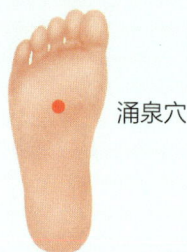

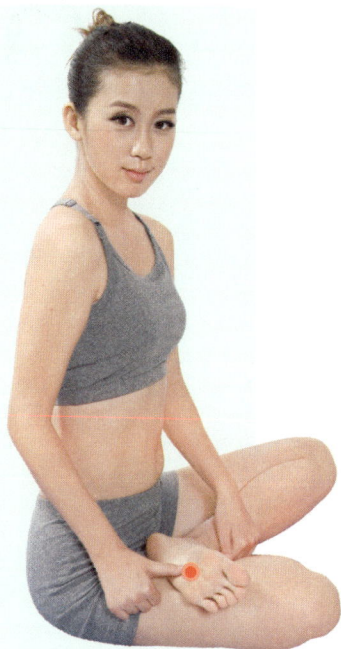

小贴士

涌泉穴位于足底，在足前部凹陷处第2、第3趾趾缝纹头端与足跟连线的前1/3处。

点按曲池穴

改善高血压

操作方法 ● ● ●

用右手拇指尖点按左臂曲池穴1分钟，然后换左手拇指尖点按右臂曲池穴1分钟。

功效

降低总外周阻力，能有效改善高血压患者的临床症状。

水煎香蕉皮，调理高血压

香蕉扒皮，取香蕉皮100克，把皮洗净切碎，用水煎服，每日1剂，适用于高血压合并冠心病、大便秘结者。

小贴士

曲池穴位于肘横纹外侧端，屈肘，与肱骨外上髁连线中点。

015 让冠心病"走"远

冠心病是冠状动脉粥样硬化病变使冠状动脉狭窄、闭塞影响冠状动脉血液循环，引起心肌缺血、缺氧的一种心脏病，是危害中老年人健康的常见病。

典型症状 ●●●

胸骨后出现压榨性疼痛，并可迁延至颈、颌、手臂、后背及胃部，可伴有眩晕、气促、出汗、恶心及昏厥等，严重患者可因心力衰竭而死亡。

操作方法 ●●●

活动手指　增强心脏功能

1 两手同时张开，手指自然伸直，从拇指开始，依次按食指、中指、无名指、小指顺序，用力弯曲。

2 每弯曲一指时，其余手指依然伸直，这样依次弯曲、伸直，循环进行。

小贴士

活动手指时，要双手同时练习，手指弯曲尽量用力，可根据自身情况来做，以产生酸痛感为佳。

功效 常年坚持，能使手指灵活自如，握力加大，对心脏有良好的刺激作用，从而增强心脏功能。

常做舌头操

预防冠心病

操作方法 ● ● ●

1 取站位或坐位姿势，将双足放平，紧贴地面，与肩同宽，凝神静气。

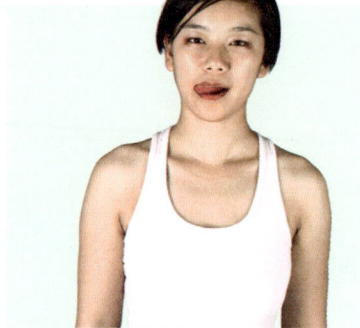

2 把舌体向左右口角来回摆动30次，把舌头向口腔顶部做上翘、伸平30次，再做几次顺时针、逆时针搅拌。

3 用右手食指及拇指轻轻按摩舌根及舌体数次。

小 贴 士

中医理论认为：心的功能正常，则舌体红润，语言流利；心的阳气不足，则舌质淡白胖嫩；心的阴血不足，则舌质红绛瘦瘪；心火上炎，则舌尖红，甚至糜烂；心血瘀阻，则舌质紫黯或有瘀斑；心神失常，则舌体强硬，语言障碍等。

功效 中医认为"舌为心之苗"，即舌是心的外在表现，心的虚实和病变，常可从舌质上反映出来。经常做舌头保健操，可以养心神，预防冠心病。

按摩腋窝 可养心

1 将左、右手臂交叉于胸前，左手按右腋窝，右手按左腋窝。

2 运用腕力带动手指，有节律地捏拿腋下肌肉 15 次，再反复揉压 15 次，直至出现酸、麻、热的感觉。

功效 腋窝顶点脉动处的极泉穴，是手少阴心经的起点。按摩该穴有宽胸宁神养心的功效，可调理冠心病、卒中后遗症等。

保护心胸
拍打心前区

操作方法 ● ● ●

扫一扫，看视频

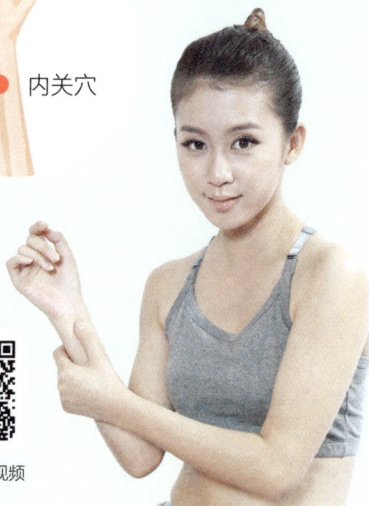

用右手掌或半握拳拍打心前区 30 ~ 50 次，拍打轻重以患者舒适能耐受为度。

功效

人感到胸闷时，轻拍一下胸脯，可以帮助肺吐故纳新，同时振动心脏使冠状动脉的血流加快，胸闷得以舒缓。

小贴士

做上面的拍打按摩时，要求腹式呼吸，思想集中，用意识引导按摩活动，并尽可能与呼吸相配合。

调养心脏
按压内关穴

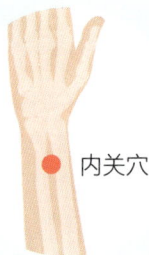

操作方法 ● ● ●

内关穴

用一只手的拇指，稍用力向下点压对侧手臂的内关穴，保持压力不变，继而旋转揉动，以产生酸胀感为度。

功效

增强心脏功能，能够缓解胸闷、胸痛等症状。

小贴士

在前臂前区，腕掌侧横纹上 2 寸，突出的两筋之间的点就是内关穴。

扫一扫，看视频

016 健肌动作 调节血脂

血脂异常是一种全身性疾病，是指血液中的总胆固醇、甘油三酯含量过高和（或）高密度脂蛋白含量过低，其主要危害是导致动脉粥样硬化，进而引发众多的相关疾病，其中最常见的是冠心病。此外，血脂异常还是脑卒中、心肌梗死、心脏猝死的危险因素。

典型症状 ●●●

多数血脂异常患者没有任何症状，常在进行血液生化检验时被发现。

操作方法 ●●●

按压足三里穴
降低血液黏度

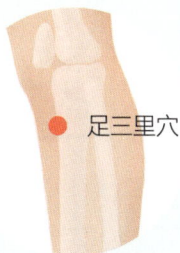

足三里穴

用拇指指腹用力按压足三里穴3分钟，力度稍重。

功效 按压足三里穴，有保健防病的作用，可降低血液黏度，避免过多的脂肪堆积在血管壁上。

小贴士

正坐，屈膝90°，手心对髌骨，手指朝向下，无名指指端处即足三里。

腹肌练习操

调节过高的血脂

1 仰卧位，屈肘于胸前，
双手互抱上臂。

2 双腿伸直，双脚抬高约
10厘米，持续数秒钟。

3 双膝半屈曲并双脚
抬高持续数秒。

4 双腿向斜上方伸直抬高，
坚持数秒。

功效 做腹肌练习操，不仅能达到增强肌力和减少脂肪堆
积的目的，还能促进血液循环，增强呼吸功能，改
善机体新陈代谢。

小贴士

胸、腹、腰背和
股四头肌可进行
肌力练习操，也
可借助运动器械
练习。

『怪走』
健身去脂

操作方法 ●●●

1 脚尖行走。提起足跟用脚尖走路，可促使脚心与小腿后侧的屈肌群紧张度增强。

2 脚跟行走。抬起脚尖用脚跟走路，两臂有节奏地前后摆动，用以调节平衡。这样能加强锻炼小腿前侧的伸肌群。

3 内八字行走。一般人
行走多为外八字或直
线前进，如改为内八
字行走，可消除疲劳。

功效　　健身走能通过促进血液循环，增加身体基础代谢的水平，
消耗更多的能量，既能锻炼肌肉又能防止脂肪堆积。

小 贴 士

步行时，步速应
尽量加快，要特
别注意保持步频，
一般每分钟不应
低于140步。

017 常做三个小动作
远离动脉粥样硬化

动脉粥样硬化是动脉管壁增厚、变硬，失去弹性和管腔狭小的退行性和增生性病变的总称。由于脂质代谢不正常，血液中的脂质沉着在原本光滑的动脉内膜上，有一些类似粥样的脂类物质堆积而成白色斑块，称为动脉粥样硬化病变。

典型症状 ●●●

脑力与体力衰退，轻者头晕、头痛、耳鸣、记忆力下降等，重者可发展为认知功能障碍。

操作方法 ●●●

1　仰卧姿势，两只胳膊放在身体两侧。两腿伸直，两腿分开35～40厘米。两只胳膊向两侧打开，横向伸直，掌心向下，按住地板，手指用力分开。

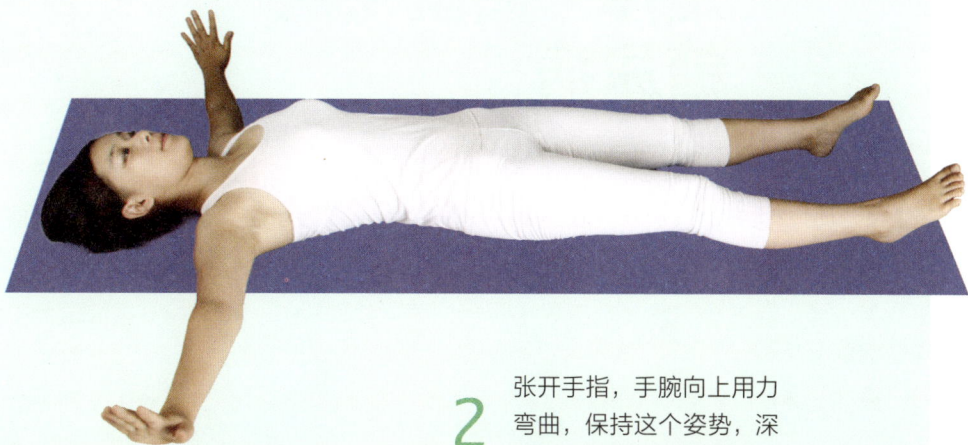

2　张开手指，手腕向上用力弯曲，保持这个姿势，深深吸一口气，然后憋气。

3　两手放在肚脐与左侧骨盆连线上，距肚脐 10 厘米处，按压 2 分钟。

功效　这套动作具有通调心脉、活血化瘀的功效，能起到预防和调理动脉粥样硬化的作用。

豆浆粥，预防动脉粥样硬化

取新鲜豆浆 500 毫升，大米 50 克，冰糖适量。将大米淘洗干净后与豆浆一起煮成粥，加冰糖调味。

小 贴 士

做这套动作时要全身放松，保持自然呼吸。

018

走掉"甜蜜疾病" 糖尿病

糖尿病是由于胰岛素分泌不足或胰岛细胞代谢作用缺陷，或两者同时存在所引起的葡萄糖、蛋白质、脂质代谢紊乱的一种综合征。糖尿病可引起感染、心脏病、脑血管病、肾衰竭、失明等并发症。

典型症状 ●●●

多饮、多食、多尿、消瘦。

散散步，做做操

有利于降血糖

功效

改善糖代谢、降低血糖，能增强体质，有利于防治糖尿病引起的心脑血管并发症。

操作方法 ●●●

1 步行。早晨起来，先每分钟走 90 ~ 100 步，再加到中速（110 ~ 115 步 / 分钟），继而快速。有时可走跑交替，走半分钟，跑半分钟，持续半小时。

2 做操。找个空气清新的地方，先做向上伸展双臂和扩胸运动；接着压腿、踢腿；再做原地高抬腿踏步，最后做下蹲和站起动作。

常练『蝗虫功』

有利于防治糖尿病

1 俯卧。双唇至下巴间的部位触地，双手放在体侧。

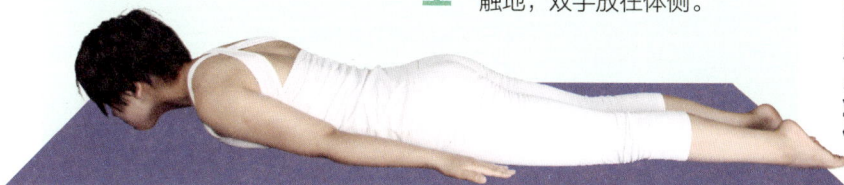

2 吸气，上身及双腿缓缓抬离地面，双臂用力抬起来帮助腹部尽量离地。屏气，保持 5 秒，慢慢回应。

3 呼气，放松。

功效

该动作有利于消除腰骶部疼痛。对糖尿病、便秘、小便疼痛、肠胃问题有帮助。

4 腿在回落时应屏气。到达最高位后的保持时间应该逐步延长到 30 秒。

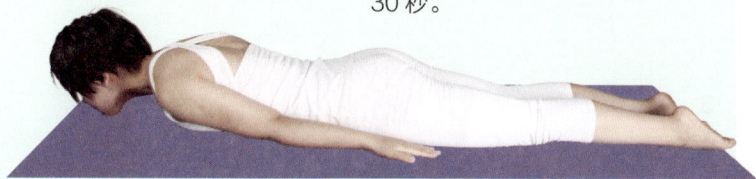

小贴士

上述动作，每日可进行 1~2 次。

简单易做的头部养生操

因为工作压力大、生活节奏快，或是因为情绪问题，我们当中大多数人都有过头痛、头晕、头胀等问题，从而影响工作和休息。这时候，如果你能掌握几种简单的头部按摩操，不用花费太多时间和精力，也能缓解这些恼人的问题。

开天目

用拇指指腹按在印堂穴（位于两眉中间），以前臂带动手指自下而上，双手交替揉摸，共20次。力量要适中，以前额皮肤不红为适度。

推前额

用拇指指腹按在前额正中皮肤，以指尖分别向左、右两旁拉抹，至眉梢处再推回前额中央。力度不宜过大。

点按四白及迎香

用双手拇指指腹依次用力按揉四白穴（目正视，瞳孔直下，当眶下孔凹陷处）、迎香穴（位于鼻翼旁凹陷处）。如果眼痛眼涩可用力按四白穴，如鼻塞流涕可重按迎香穴。

摩掌熨目

两手掌相互摩擦，搓热后将两手掌心放在两眼上，使眼部有温热的舒适感。重复操作3～5次，对于用眼疲劳、视力不佳者可多做几次。

双鸣天鼓

两掌按住双耳，两手放在后脑勺，用手指轻敲耳后头部数次，反复上述操作 3 ~ 5 次。

拿捏肩井

以手掌掌根和除拇指之外的其他四指提拿起整个肩部肌肉，一拿一放交替进行。

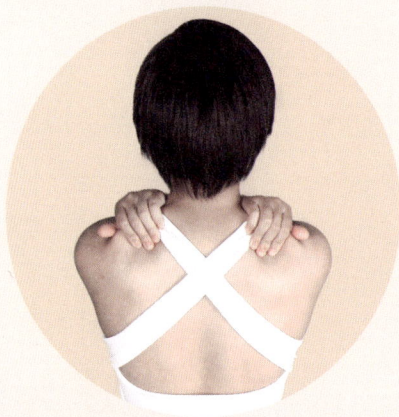

整理放松

用手掌根自颈肩部沿肩—上臂—前臂的路线轻推几次，以空掌轻轻拍打肩部及后背肌肉，动作至此结束。

第 3 章

伸伸臂，扭扭腰
应对常见职业病

019 手腕动一动 远离"鼠标手"

敲打键盘、移动鼠标，长年累月会感到手部逐渐麻木、灼痛，有的还会伴有腕关节肿胀，手动作不灵活、无力等症状。这就是医生常说的"腕管综合征"，俗称"鼠标手"。为了防止"鼠标手"，可以做一些活动腕部的小动作。另外，鼠标最好选用弧度大、接触面宽的，有助于力的分散。

增强腕关节灵活性

手腕五步操

操作方法 ● ● ●

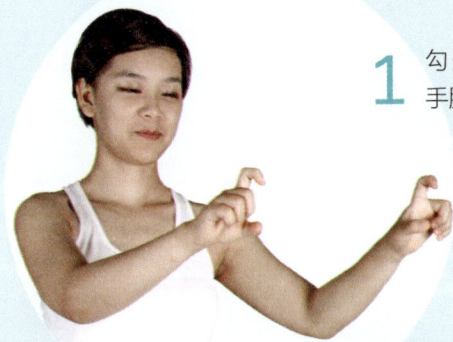

1 勾：发力点在食指根部，手腕从右至左做运动。

2 挂：向上挑，发力点在食指一侧掌缘，手腕从下至上运动。

3　劈：发力点在小指一侧掌缘，手腕从上至下运动。

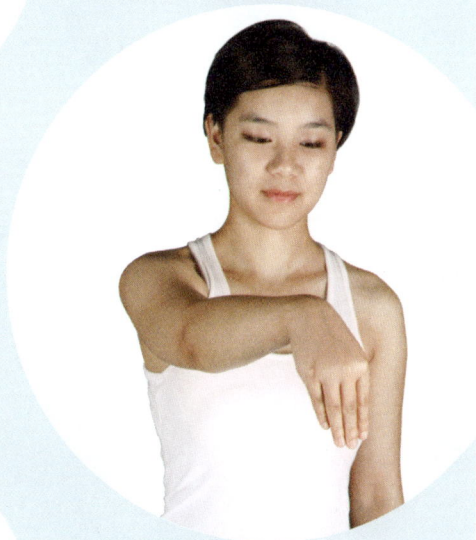

4　崩：发力点在手背面，手腕向内旋转、向下弯曲。

5　压：前臂下压，发力点在鱼际部位，手腕从下至上运动。

纤纤玉手保健操

远离『鼠标手』

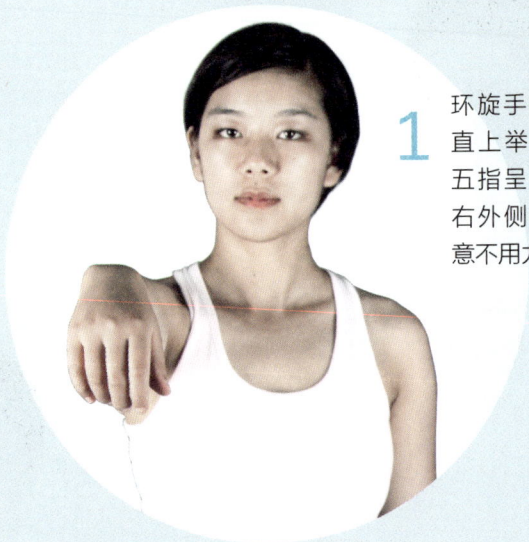

1 环旋手腕法。右臂伸直上举，手腕放松，五指呈自然状态，朝右外侧带动手腕，用意不用力，轻轻摇转。

功效

防治腕关节慢性劳损、腕关节活动障碍、手腕酸痛，腕指麻木、僵硬等。

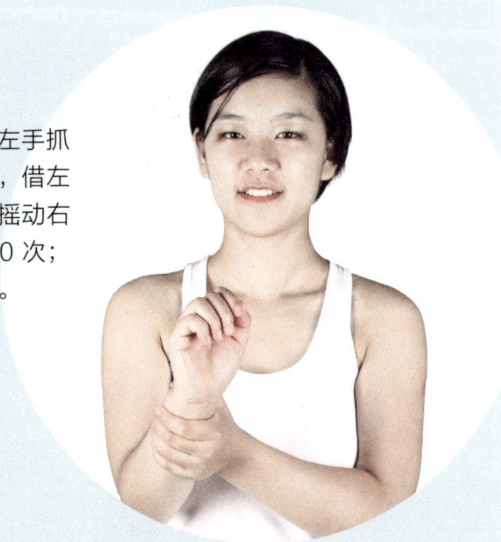

2 速摇手腕法。左手抓住右手腕下部，借左手之力，快速摇动右手腕 30 ～ 50 次；再换右手操作。

小贴士

该动作可以在连续使用键盘鼠标 30 分钟左右休息 5 分钟做一下，经常坚持可防止关节僵硬，使血液畅通。

操作方法 ●●●

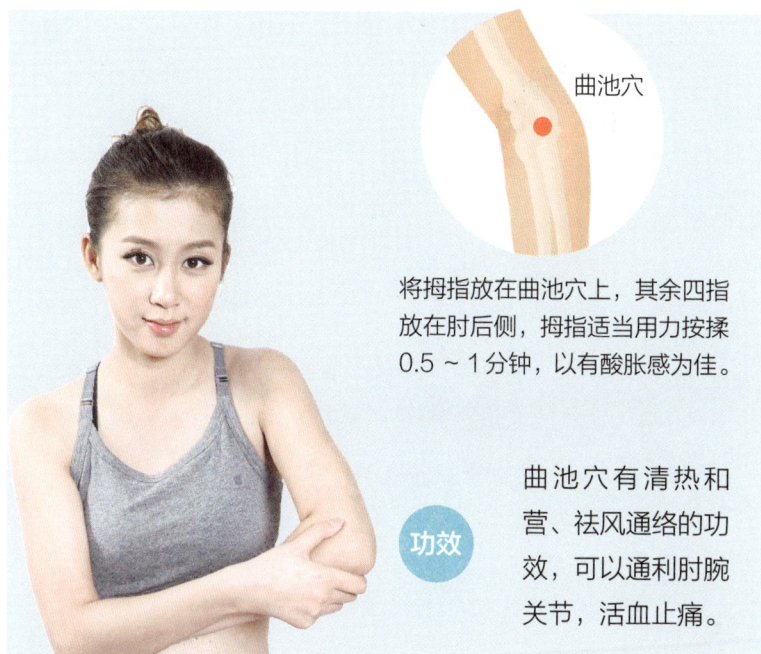

曲池穴

将拇指放在曲池穴上，其余四指放在肘后侧，拇指适当用力按揉0.5～1分钟，以有酸胀感为佳。

功效

曲池穴有清热和营、祛风通络的功效，可以通利肘腕关节，活血止痛。

按揉曲池穴
活血止痛

小贴士

曲池在肘部，尺泽与肱骨外上髁连线的中点处。

操作方法 ●●●

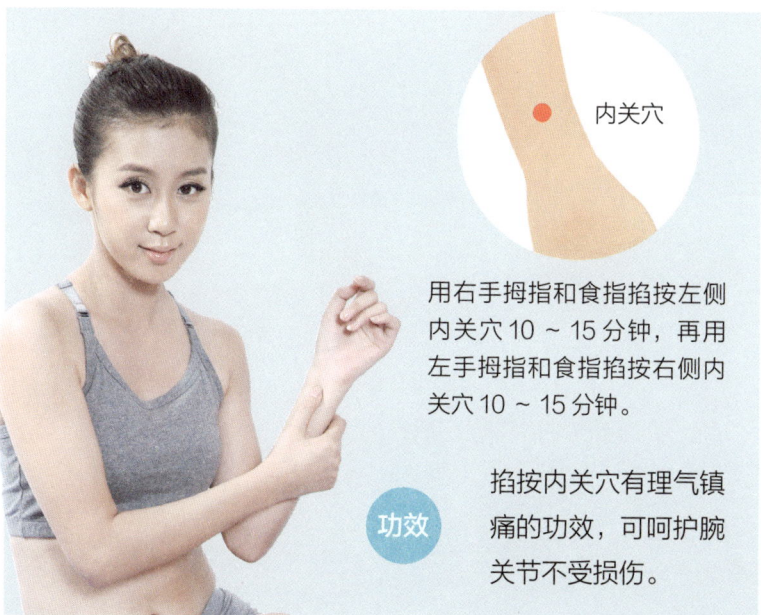

内关穴

用右手拇指和食指掐按左侧内关穴10～15分钟，再用左手拇指和食指掐按右侧内关穴10～15分钟。

功效

掐按内关穴有理气镇痛的功效，可呵护腕关节不受损伤。

掐按内关穴
缓解手腕疼痛

小贴士

内关在前臂前区，腕掌侧远端横纹上2寸，掌长肌腱与桡侧腕屈肌腱之间。

五分钟手肩运动

促进手部血液循环

扫一扫，看视频

小 贴 士

这套动作主要训练腕部力量和手指的灵活性，对持续僵硬的肌肉进行放松。同时肩部锻炼也能够缓解使用鼠标一侧的肩部劳损、酸痛等症状。

操作方法 ● ● ●

1 左手握紧装满水的矿泉水瓶，首先手掌向上握水瓶，做从自然下垂到向上抬起动作，然后手掌向下握水瓶，做从下到上的运动，各20次，锻炼腕屈肌。

2 左手五指展开向上握住矿泉水瓶；右手也要用力展开五指，每次20～30秒，做2～3次。

3 吸足气后右手用力握拳，左手持瓶，用力吐气，同时急速依次伸开右手小指、无名指、中指、食指。左、右手轮替各做 10 次。

4 活动肩部。左手持瓶臂部向右拉伸时，颈部向左拉伸。手臂不要过高，和胸部有一定距离，不要有压迫感。每次保持 30 ~ 45 秒，换右手臂做同样动作。

功效

促进手部血液循环，活动肩部和腕关节，呵护手部、肩部不受损伤。

020 活动肘关节
别让"键盘肘"盯上你

经常使用电脑的人，伸腕肌腱在其肱骨外上髁附着处容易发生慢性劳损而出现酸痛无力的症状。因此，一定要加强肘部的保健运动，增强前臂伸、屈肌腱的韧性，防治肘关节疼痛。

锻炼肘关节 提握瓶子

操作方法 ●●●

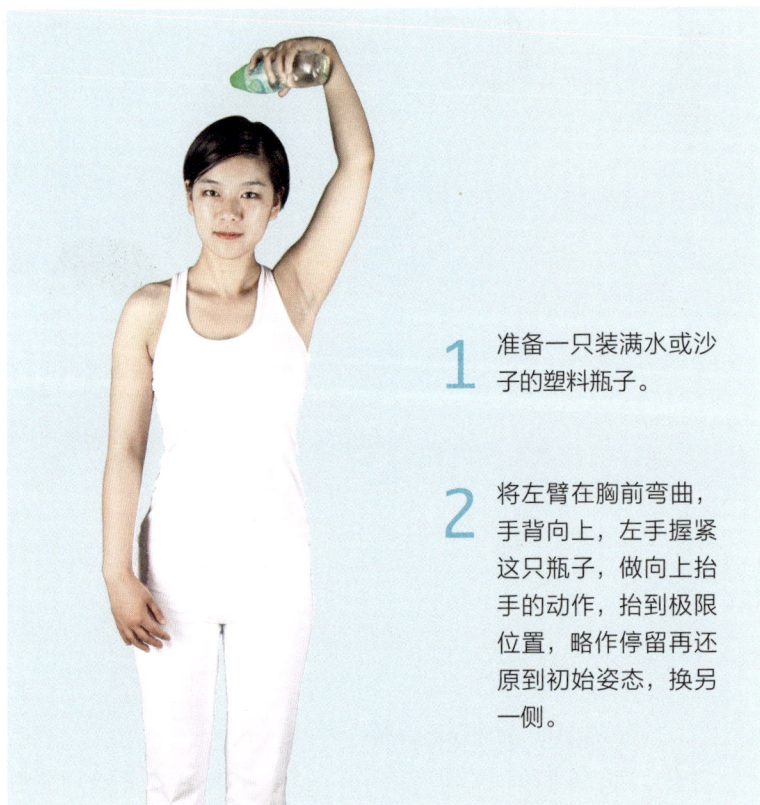

1 准备一只装满水或沙子的塑料瓶子。

2 将左臂在胸前弯曲，手背向上，左手握紧这只瓶子，做向上抬手的动作，抬到极限位置，略作停留再还原到初始姿态，换另一侧。

小贴士

做这个动作时手腕不要放松，始终保持前臂与手腕在同一水平线上。

功效 加强肘部保健，增强前臂伸、屈肌腱的韧性，及时消除前臂伸、屈肌的疲劳，以防治肘关节疼痛、肩臂疼痛、网球肘、上臂肌肉劳损与萎缩等病症。

托肘竖腕

操作方法 ● ● ●

1 模仿正步走的手部姿势，左臂在胸前弯曲，手背向上，微握拳。右手托住弯曲的左手肘关节处，作为支撑。

2 左手手腕向上挑起，尽量使整个手竖起来，略作停留，能够明显感到前臂肌肉紧张，有酸胀感。坚持2～3分钟后换另一侧。

小贴士

这个动作的原理是，手臂在用力时会引起肌肉的变化。而这些变化能有效促进肌肉修复，受伤的地方会随着肌肉修复逐渐好转。

功效 活动肘部关节，有利于畅通腕部血液循环，能够缓解"键盘肘"引起的肘关节疼痛。

减掉『拜拜肉』
举哑铃

扫一扫，看视频

操作方法 ●●●

1 身体直立或坐直，如站立，双脚稍微分开，眼睛平视前方；左手拿哑铃高举过头，头不能歪；右手叉腰或扶在左手肘关节处。

2 在上臂后面的肌肉控制下，慢慢将哑铃往后放下来，要放到底，然后手臂后面的肌肉用力，将哑铃缓缓举起来直到肘关节伸直，稍停留后再放下，重复进行。

功效 减掉肘部赘肉，使肩肘活动灵活自如。

小贴士

练习过程中身体不要晃动；拿哑铃的手臂要保持稳定，不能前后移动，另外一只手可以扶在肘部或上臂帮助稳定。

操作方法 ● ● ●

天井穴

拇指和中指并拢，在天井穴上按揉。每天早、晚各按1次，每次左、右各1~3分钟。

功效
按揉天井穴可以行气散结、安神通络，能够调理前臂酸痛、肘部疼痛。

指揉天井穴
缓解肘部疼痛

小贴士
肘后侧，肘尖上1寸凹陷中即是天井穴。

操作方法 ● ● ●

两只胳膊扶住固定的物体（桌椅、栏杆或窗台），模拟俯卧撑胳膊的动作，一屈一伸地进行练习。

功效
屈伸手臂的过程就是提高肘部运动能力的关节训练。这个训练可以减掉上臂的脂肪，起到增强胸大肌的作用。

做做立卧撑
提高肘部运动能力

小贴士
一定要找靠得住的固定物体来做这个动作。

021

脖子转一转
拯救你的颈椎

办公室一族，长时间保持一个姿势坐着，容易诱发颈椎病。怎样做才能不被颈椎病盯上呢？平时转转脖子，做做颈部保健操，是呵护颈椎的好办法。

提肩缩颈
缓解肩颈酸痛

操作方法 ● ● ●

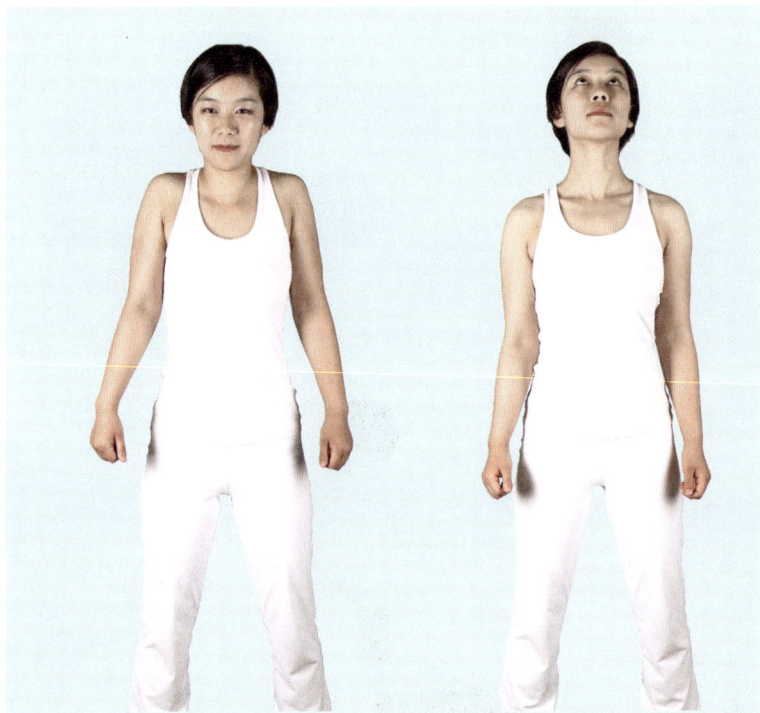

小贴士

伏案工作时，养成良好的坐姿习惯，并适时改变头部竖立形态，这样能有效降低颈椎病的发病率。

1 双肩慢慢提起，颈部尽量往下缩，停留片刻后，双肩慢慢放松，头颈自然伸出，还原自然。

2 将双肩用力往下沉，头颈部向上拔伸，停留片刻，双肩放松，并自然呼气。反复做3次。

功效 此动作能牵扯后颈及肩膀，缓解肩颈酸痛，通经活络。

颈部操

缓解颈椎骨质增生

1 预备式。可以盘坐在垫子上，或者坐在椅子上，腰背挺直，尽量让颈部伸展，下颌略收，双臂向后微微张开。

2 前屈式。缓缓向前屈颈低头，打开双肩，直至颈肩肌肉感到绷紧为止，保持5秒，然后缓慢放松回到原位。

小贴士

任何姿势超过45分钟，就要起身活动10分钟。不要长期保持一种姿势。

3 左侧式。头部缓缓偏向左侧，感觉让左耳向左肩贴近，使右侧颈肩肌肉感到绷紧为止，脊柱保持挺直，之后缓慢放松回到预备式。

功效

改善颈椎部位血流循环，缓解颈椎增生引起的疼痛。

4 右侧式。头部慢慢偏向右侧，让右耳与右肩靠近。与左侧式方向相反，动作一致。

操作方法 ● ● ●

十点十分操
防止颈部受到意外伤害

1 身体先挺直站立，收下颌，挺胸收腹，两腿直立，两脚尖朝前，双手侧平举，像在钟表中时针、分针的 9 点 15 分的位置。

2 两腿分开，双手再举到 10 点 10 分处。反复做若干次后，就会感到颈部后面肌肉酸胀。

功效

可缓解颈部不适，对中老年人的肩周炎也有一定疗效。

小贴士

练习要点是全身挺拔，双手似鸟飞上下运动，每天做 100～200 次。

手捧莲花

锻炼颈部后面肌肉

操作方法 ● ● ●

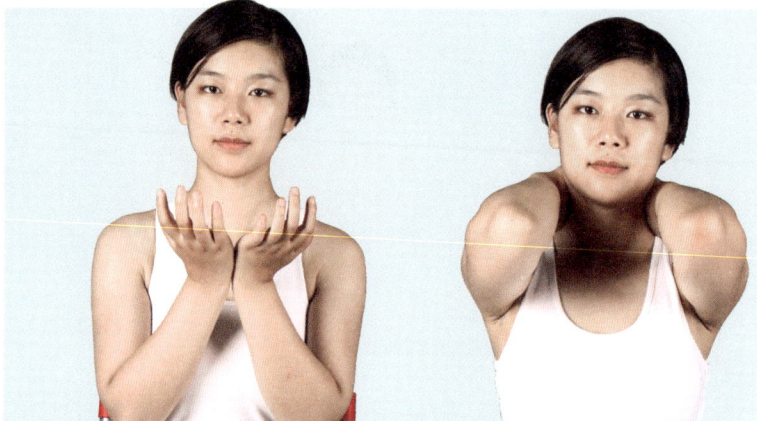

1 坐姿，头顶中正，双目前视，双手置于胸前，与肩同高，手指向前，掌心朝天，双手感觉各捧有一朵盛开的莲花。

2 慢慢向两侧移动，环绕颈部到头后，手指相对。保持掌心朝天，双目前看，默数1、2、3、4、5、6、7，双手再慢慢转回胸前起始位置。

小贴士

动作要求越慢越好，来回连做7遍。

摩擦大椎穴

让颈椎血流通畅

操作方法 ● ● ●

将右手四指并拢，食指紧贴在大椎穴上，适当用力反复摩擦0.5～1分钟，至局部发热。

功效

有通筋活络的功效，能有效缓解颈部疼痛，调理颈椎病。

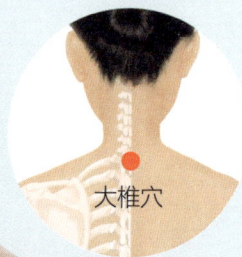

大椎穴

小贴士

大椎穴位于项背部脊柱区，第7颈椎棘突下凹陷处，后正中线上。

保护腰背
远离腰椎病的困扰

022

腰痛，是一种常见病症。人体的所有活动，比如前俯、后仰、左右侧弯、转身都与腰背有关，腰部比身体哪个部位的关节承受的力量都大，所以腰痛就容易发生。有目的地加强腰背肌肉的锻炼，使腰部肌肉发达有力、韧带坚强、关节灵活，就会减少腰部疾病。

操作方法 ● ● ●

伸腰展背
预防腰背疾病

1 两脚分开站立，与肩同宽，一臂上举，另一臂下伸。身体向一侧拉伸，上臂尽量前伸，抬头挺胸。

2 下肢保持不动，身体恢复直立，上臂屈侧展开，手握拳。肌肉紧张，下臂伸展，两肩尽量打开，收腹夹臀。

3 　两腿并拢伸直站立，
　双手分开向后，头与
　躯干向后屈，抬头挺
　胸，两肩放松。

4 　下肢不动，双手扶
　墙，头和躯干由后
　向前屈，低头弯腰。

● 两分钟教你学会能救命的简单小动作

5 高举双手，十指交叉，两脚分开站立，与肩同宽，随后缓慢侧弯腰至极限，静止10秒，然后换方向操作。重复3~5次。

功效 前4组动作，可以伸展腰部肌肉群，长期练习能改善不良姿态；后2组动作，可以放松、锻炼背部肌肉，增强脊椎周围肌肉力量，预防各种腰背疾病。

6 自然坐姿，双肘弯曲，双臂侧平举，双手握拳，拳心向下，含胸、低头，然后抬头、挺胸，做扩胸运动，重复10次。

叩击按摩腰背部
让腰部气血充沛

操作方法 ● ● ●

1 选择端正舒服的坐姿，两手握空拳。

2 在腰部自上而下轻轻叩击 10 分钟后，再用手掌上下按摩或揉搓 5 分钟左右，一日两次。

功效

该套动作能促进腰部血液循环，解除腰肌痉挛和疲劳。

小贴士

按摩以自己感到按摩区有灼热感效果更好，运动后自觉舒服惬意。

第 4 章

减肥健美操
控制体重防肥胖

023 减掉腹部赘肉 做苗条美人

小腹凸出是让很多爱美人士很气馁的地方，再好的衣服因为有了小肚腩都打了折扣，怎样让你的小腹乖乖平复呢？

告别大肚腩

垂直举腿动作

操作方法 ● ● ●

1 仰卧在瑜伽垫上，两腿抬起，垂直伸向天花板，膝盖伸直。

2 两手轻轻环绕抱头，收缩腹部，把肩胛骨向天花板方向上提。同时，勾脚使脚跟向上提，身体可成"U"形。放松脚跟和肩胛，然后做第二次。建议做10~15次。

小贴士

尽量保持腿部垂直方向上顶举，否则会减弱腹肌锻炼的效果。

功效 帮助燃烧腹部的脂肪，轻松告别大肚腩。

提手摆胯

打造性感平腹

操作方法 ●●●

1 脚开立，手臂伸展，胯部随右脚向右侧横摆出去。

2 双臂向前交叉，左脚迈向右前方，胯部同时向左侧摆动。

按压天枢穴

减除小腹赘肉

操作方法 ●●●

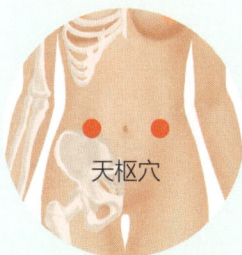

天枢穴

用食指或拇指的指腹按压天枢穴，同时向前挺出腹部并缓慢吸气，上身缓慢向前倾呼气，反复做 5 次。

功效 按压天枢穴有理气调畅的功效，对腹部气血进行局部调整，减少小腹赘肉。

小 贴 士

天枢穴位于腹中部，平脐中，距脐中 2 寸。

024 简单小动作 找回小蛮腰

对于女性来说，腰部曲线是身体曲线美的关键，腰身保养好，视觉上就会给人曲线起伏、凹凸有致的美感。几个小动作就可以帮助你美腹细腰，何乐而不为？

减少腰部脂肪 按揉关元穴

操作方法 ●●●

关元穴

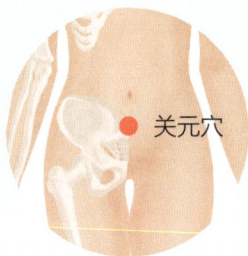

以关元穴为圆心，左手掌或右手掌做逆时针及顺时针方向摩动 3～5 分钟。然后，随呼吸用食指或中指指腹按压 3 分钟。

小贴士

关元穴位于下腹部，前正中线上，脐中下 3 寸。

功效 按揉关元穴能够逐渐减少腹部脂肪，使腰围随之缩小，起到有效的瘦身作用。

跟『水桶腰』说再见

360° 纤腰

1 坐姿侧弯腰。双腿盘坐在瑜伽垫上，上半身挺直，左臂向上伸直贴于耳侧，右手轻轻触地，由腰椎带动上半身缓缓向右侧弯曲，达到极限时，自然呼吸，保持 15 秒；然后换另一方向做，各重复 10 ~ 20 次。

2 站姿伸臂弯腰。双脚站立，手臂向上伸展，双手十指相扣，掌心向外，身体缓慢向前弯曲，当上半身与下半身成直角的时候，停住保持 3 次呼吸，然后身体慢慢恢复直立姿势，重复 10 ~ 20 次。

小贴士

每周做 3 ~ 4 次，一个月后你就会明显看到收腹塑腰的效果。

功效 该动作不仅可以减少腰部赘肉，增强腰部灵活性，还可锻炼腰腹部的耐力、柔韧性。

纤纤玉腿
"秀"出来

无论男女，腿部紧实有弹性，都会性感迷人。经常做一些动作，可以消除腿部多余的赘肉、脂肪，收紧松散的肌肉，保持双腿迷人的曲线。

单腿伸展

打造紧实有弹性的大腿

操作方法 ● ● ●

扫一扫，看视频

1 双脚并拢，身体挺直站立，手肘弯曲，拇指在前，其余四指并拢在后，放在髋骨两侧。

2 右脚向右侧迈出一大步，充分弯曲膝盖，完全伸直左腿，上身微微前倾，保持腰背挺直。

3 右腿蹬地，伸直右腿并起身。反复进行6次后，换另一侧腿同法进行。

小 贴 士

人的身体是一个整体系统，每一个相关部位都要正确地摆在相应的位置上，才可能有效锻炼到应该锻炼的部位。如果腿部的姿态不正确也很难做到腰背部肌肉的拉伸。

功效 促进消化，伸展下腰部、腘绳肌腱和小腿，并能很好地舒展腰部、肋骨和胸部的肌肉组织和韧带。

操作方法 ● ● ●

侧举哑铃
打造纤细美腿

1 双腿开立，脚尖稍微朝外。

2 双手各持一只哑铃，手臂伸直，手心向下。

3 弯曲膝盖，同时举起手臂，略低于肩，手臂与双腿成一直线。

4 伸直双腿，同时降下手臂。

功效

锻炼腿部肌肉，减掉腿部赘肉。

小贴士

该动作主要针对大腿，也会辅助拉紧小腿的肌肉。

026 面部塑形操 呵护脸部肌肤

想拥有美好的面部肌肤，光靠每天涂涂抹抹是不行的。做做脸部小动作，能使细胞活化，使养分等快速到达表层，刺激胶原蛋白的产生，从而使肌肤更加紧实、有弹性。

指敲面部
保持皮肤弹性

操作方法 ● ● ●

1 双手十指弯曲成梅花状。

2 用指端从下颌开始，沿嘴角、鼻两侧向上，再围眼框敲一遍，然后沿眉中央向上经前额、头顶、后脑，再沿耳朵敲1周，返回原处。

小贴士

该动作宜做80～100次。

功效 指敲面部，可以促进面部血液循环，刺激脑神经，增加面部肌肤抗风寒能力，保持皮肤弹性。

修饰脸型

按压颊车穴

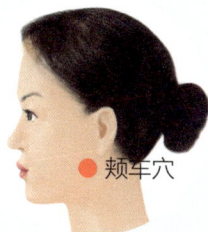

用食指或中指指腹按压颊车穴 5 秒钟后放松，重复 10 次，以有酸胀感为度。

功效 按压颊车穴，可以消除面部赘肉，放松嚼肌，修饰脸型。

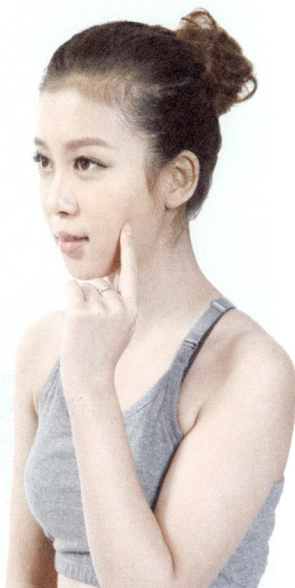

颊车穴

小贴士

在面部，下颌角前上方约 1 横指（中指）处就是颊车穴。

消除疲劳

按压额部

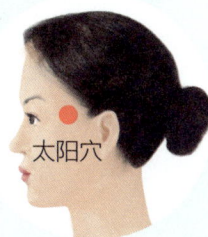

用两手食指指腹，分别按压额上两侧太阳穴处，顺时针及逆时针方向各旋转指揉 15 ~ 20 次。

功效 按压额部，可促进头面部血液循环，消除紧张情绪。

太阳穴

小贴士

太阳穴在头部，眉梢与目外眦之间，向后约 1 寸的凹陷处。

027 促进眼部血液循环
去"熊猫眼"

黑眼圈的形成主要与以下因素有关：睡眠不足，疲劳过度，使眼睑得不到休息，处于紧张收缩状态，该部位的血流量长时间增加，引起眼圈皮下组织血管充盈，从而导致眼圈淤血，留下黯黑的阴影。

远眺

『跳出』眼部疲劳

操作方法 ● ● ●

1 在空旷处放眼远眺。

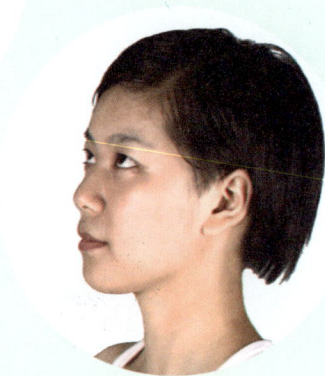

2 然后缓慢收回目光，将目光上、下、左、右运动。

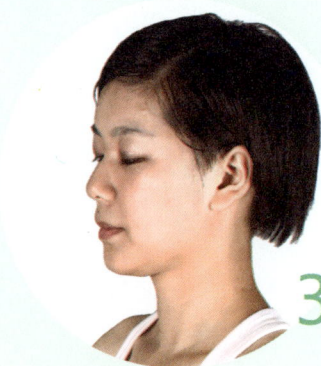

3 再将目光注视鼻尖，最后仰望远处天空。如此反复即可。

功效

放松眼部肌肉，缓解眼眶胀痛、眼球充血等症状。

小贴士

做此动作时，注意不要压迫双眼。

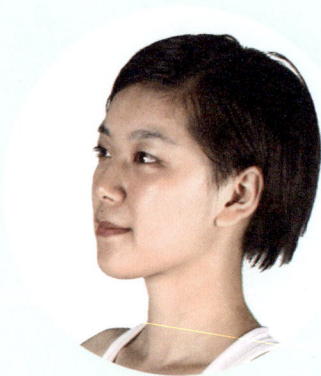

按摩瞳子髎穴
击退『熊猫眼』

操作方法 ●●●

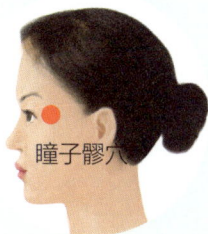

瞳子髎穴

将两手食指指腹放在瞳子髎穴上，微闭双眼，轻轻按揉约 1 分钟。

功效 可以有效缓解双眼疲劳、酸涩及黑眼圈的问题。

小 贴 士

瞳子髎穴在面部，目外眦外侧 0.5 寸凹陷处。

推揉丝竹空
『熊猫眼』变『桃花眼』

操作方法 ●●●

丝竹空穴

用食指或中指指腹向眉梢内侧推揉丝竹空穴 1 ~ 3 分钟。

功效 缓解眼部疲劳，促进眼部血液循环。

小 贴 士

眉毛外侧眉梢凹陷处即为丝竹空穴。

自己动手
抚平皱纹

028

随着年龄的增长，我们青春的脸庞会逐渐败给皱纹。很多女人为了留住青春的容颜，不惜千金买护肤品、做美容。岂不知，如果我们能够坚持做做按摩或健美操，也可以轻松抚平皱纹。

甩掉皱纹 去皱瑜伽操

操作方法 ●●●

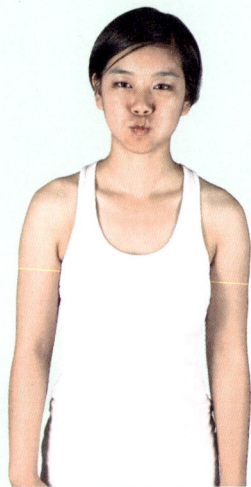

1 提眉"固额"。以两手食指到小指的四指，交替抚抹额头的肌肉，方向是由眉毛向发际。每天重复做20次。这一动作可减少抬头纹，并可提升上眼睑。

2 鼓腮"固额"。轮流鼓起双颊，直到空气跑光，整个过程为一下。该动作每次重复4下。可以保持双颊的肌肉结实柔软，消除法令纹。

小贴士

这套操能改善脸部血液循环，提高新陈代谢，从而浅化小皱纹、收紧松弛皮肤。人一容光焕发起来，心境也自然比以前开阔许多。

功效 通过锻炼面部肌肉，达到塑型去皱的效果。

四招除掉四大皱纹

1 去除嘴角皱纹。运用两手中指指肚，在嘴角处由下向上以画圆的方式按摩，每次做 3 ~ 5 下。

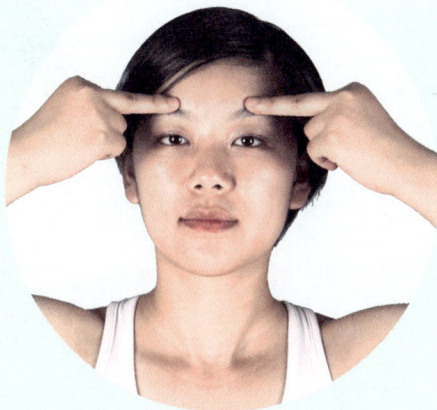

2 去除眉心皱纹。用两手中指指肚，沿着眉心向发际方向交替按摩 10 下。

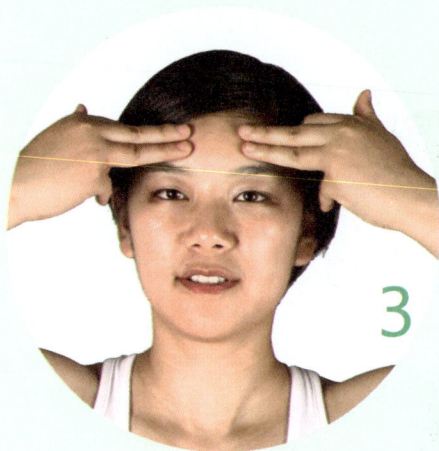

3 去除额头皱纹。两手中指、无名指在前额画圈，方向是从前额中部眉心开始，分别至两侧太阳穴，接着用双手食指点压太阳穴，重复20次，可预防前额皱纹。

4 去除眼角皱纹。用左、右两手的无名指分别在左、右两侧眼角处以画圈方式按摩。每次按摩3～5下。

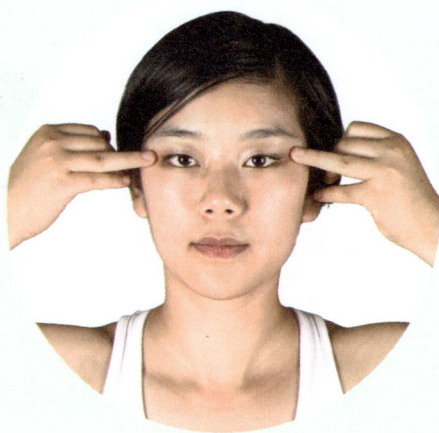

小 贴 士

上述动作长期坚持，可以取得理想效果。

功效 增加皮肤的血液循环，使皮肤得到很好的滋养，预防皱纹产生。

029 按按揉揉 丰满的胸楚楚动人

　　乳房很多时候都代表着女性的魅力，在女人的一生中，乳房的变化是非常大的。女人保养好胸部才会更加自信、迷人。中医认为，胸部发育不良，主要是由于脾胃虚弱、气血不足，或通往胸部的经络阻塞，致使气血不能上荣于胸部所致。

操作方法 ●●●

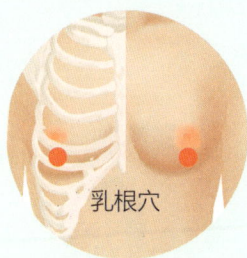

乳根穴

食指按住两侧乳根穴，吸气时下压，呼气时松开，操作20次。

功效

乳根穴有宽胸增乳的功效，能够调节胃经气血，紧实胸部肌肉。

按压乳根穴

紧实胸部肌肉

小贴士

乳根穴在胸部，第5肋间隙，前正中线旁开4寸。

合掌推胸

让胸部丰满坚挺

1 坐在椅子前 1/3 处，挺直腰背。双手自然垂放，并拢双膝。

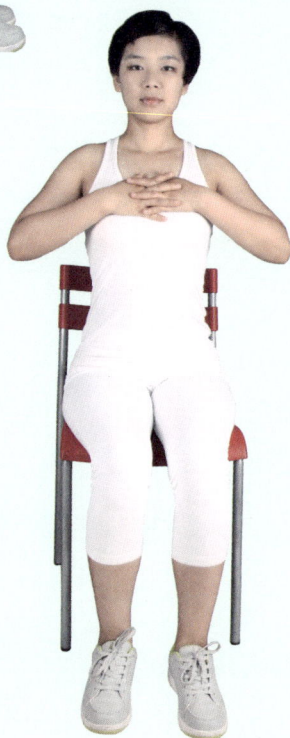

2 双手合于胸前，做丹田深呼吸。

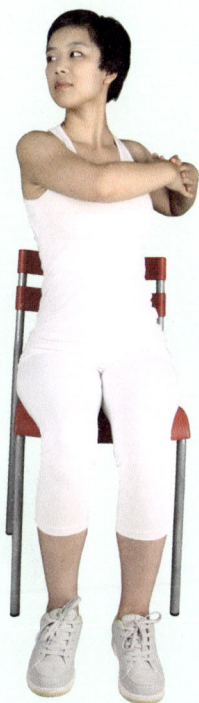

3 头扭向右边，肩膀保持不动。合在胸前的双手向左伸展。

4 头扭向左边，双手的姿势相应地向右伸展。

功效 做合掌推胸这个动作，能让胸部变得紧实挺拔，防止胸部松弛和下垂，同时加强胸部血液循环，以刺激胸腺，从而达到丰胸目的。

黄芪山药茶，养血丰胸
取黄芪 8 克、山药干品 15 克、当归 3 克，将所有材料一起放入保温杯中，冲入沸水，盖盖子闷泡 10 分钟后饮用。

小 贴 士
将意志力集中在双眉之间的印堂穴，呼吸一次比一次缓慢，吐气则比吸气更深长。

一学就会的美胸小运动

1 身体直立，双脚分开，与肩同宽，抬起脚跟，收紧臀部。伸开十指，掌心向下。保持此动作15～20秒，还原到直立姿势。

2 双手交叉放在身后，手臂伸直，头微微抬起。保持此动作15～20秒，还原直立姿势。

3 身体下蹲，两手放在外膝眼处，眼睛平视，脚跟踮起呈欲跳跃姿势。保持此动作 15 ~ 20 秒。

4 深蹲下去，手放体侧，直至臀部碰到脚后跟。保持此动作 15 ~ 20 秒。

功效 可以有效地牵拉乳房及周围肌肤参与运动，起到美胸效果。

小贴士

女性丰胸有两个最佳时间段，一是从来月经起的第 11 ~ 第 13 天，二是第 18 ~ 第 24 天。这 10 天里，进行丰胸练习效果更好。

瑜伽 来自异域的身心修炼术

猫伸展式瑜伽 练出你的小蛮腰

功效

猫伸展式瑜伽能活动整个脊柱，放松肩颈部，收紧腹肌，缓解痛经，改善月经不调和子宫下垂。它还能够帮助消除腰部、腹部周围多余的脂肪和赘肉，可以纤体瘦身。

准备姿势 ●●●

跪坐在瑜伽垫上，双手放在大腿上，自然呼吸。

操作方法 ●●●

1 抬起臀部，两手掌在膝盖前方着地，双膝和小腿也着地，做动物准备爬行的姿势。

2 吸气，抬头，臀部上提，双臂直撑于地，收缩背部肌肉，保持该姿势 5 秒。

3 呼气，小腹后缩，垂头，背部曲拱成圆形，保持该姿势 5 秒。

4 两臂伸直，垂直于地面，回复到先前动物爬行的姿态。再重复这套动作 5 ~ 10 次。

虎式瑜伽
减掉大象腿

功效

虎式瑜伽锻炼了大腿后侧及臀部肌肉，使脊柱得到充分伸展，同时也放松了坐骨神经。虎式还能够减少腰部、腹部、大腿区域的脂肪。

准备姿势 ●●●

跪坐于地，臀部落于两脚跟上，上身挺直。

操作方法 ●●●

1 上身前倾，双手支撑地面，臀部抬高，学爬行动物四肢着地。

2 目视前方，缓慢吸气，左小腿贴地不动，然后将右腿笔直地向后上方伸展。

3 吸气结束后闭气，右膝弯曲，膝盖向下方收回，但不着地，抬头，目视上方，保持该姿势5秒。

4 呼气，把屈膝的右腿向上接近胸部，同时将头部低下，目视下方，鼻尖贴着右膝，背部向上挺成拱形。

5 把右腿伸向后上方，重复整个过程。两腿各做3～5次。

杜鹃式瑜伽 让你精神十足

功效

杜鹃式瑜伽伸展了腰部、背部和腿部的肌肉，不仅可以缓解这些部位的酸痛，还能改善身体的疲劳状态。

准备姿势 ●●●

跪在地上，双膝并拢，两脚分开，臀部置于两腿间的地面上，两手放在大腿上，自然呼吸。

操作方法 ●●●

1 上身前倾，两手放在膝盖前方的地面上，身体伸直成爬行动物的姿态。

2 呼气，臀部上提，背部后仰，身体缓缓向前挪动。

3 吸气，再将两臂伸直，仰面朝天，目视上方，两腿贴地并左右张开，闭气，保持该动作5～15秒，动作越长，效果越好。

4 缓缓呼气，回到预备姿势，然后充分休息。

简单手指操
促进新陈代谢，帮助减肥

心肺小肠相协调

拇指末节桡侧是肺经循行之处，小指内外两侧端分别是心经和大肠经的循行部位。

左手拇指与右手小指同时弯曲活动，可增强心、肺、大肠功能。重复动作 15~30 次。

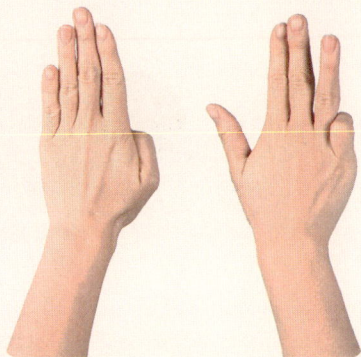

大肠三焦配合好

食指外侧是大肠经的循行部位，无名指外侧是三焦经的循行部位，大肠经主导人体消化排泄，三焦经有强健脾胃的功效。

左手食指与右手无名指同时弯曲活动，帮助提高消化功能。重复动作 15~30 次。

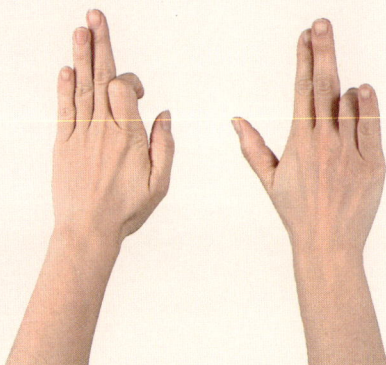

双手心包经协力

双手中指是心包经的循行部位。双手中指同时弯曲活动，帮助防治心脑血管疾病。重复动作 15~30 次。

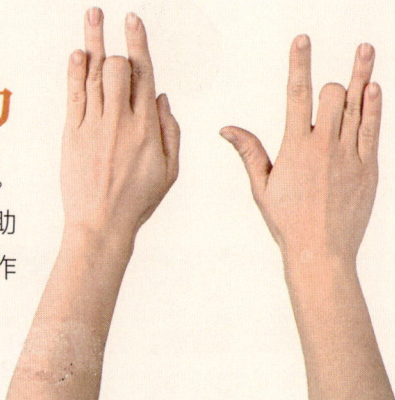

第 5 章

突发急症怎么办
按按捏捏能救命

030 突然昏厥
小动作醒脑开窍

　　昏厥是一种突发性、短暂性、一过性的意识丧失而昏倒，系因一时性、广泛性脑缺血、缺氧引起，并在短时间内自然恢复。引起昏厥的主要原因有心律失常、心肌梗死，还有恐惧、紧张、焦虑等心理因素。学会应付突发昏厥的小动作，关键时刻能化险为夷。

掐压人中穴
快速急救昏厥

扫一扫，看视频

小贴士

人中穴位于上嘴唇沟的上 1/3 与下 1/3 交界处。经过短暂急救无效者，应立即打"120"到就近医院治疗。

操作方法 ●●●

人中穴

用食指尖掐压人中穴，每分钟掐压 20~40 次。

功效

人中为急救昏厥要穴，适用于任何原因引起的昏厥。

操作方法 ●●●

用笔尖点按十指尖端
（十宣穴）。

功效 可调理昏迷、
高热等。

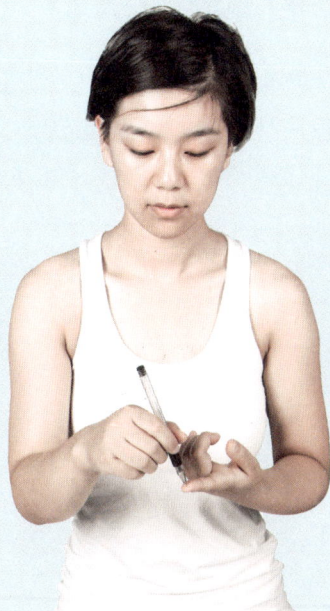

点按十指
清热开窍止昏厥

小贴士

十宣穴在手指，十指尖端，距指甲游离缘0.1寸（指寸），左右共10穴。

操作方法 ●●●

内关穴

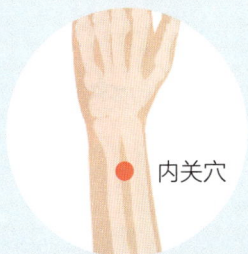

用一只手的拇指，稍用力向下点压手臂的内关穴后，保持压力不变，继而旋转揉动。

功效 有疏通经络的功能，对心脏疾病引起的昏厥有一定的作用。

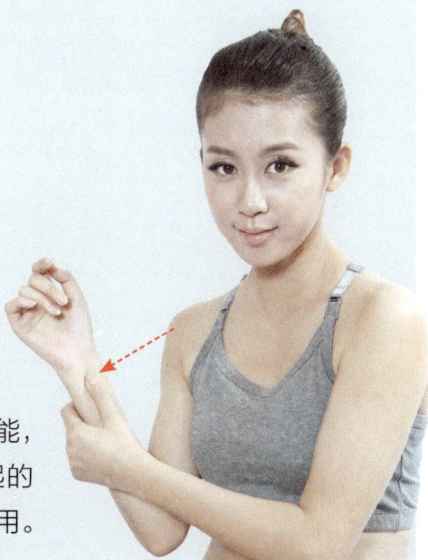

揉按内关穴
急救心源性休克

小贴士

内关穴在前臂前区，腕掌侧横纹上2寸，突出的两筋之间的点。

增加心肌供血
缓解心绞痛

心绞痛是冠心病的主要临床表现，是由冠状动脉供血不足，心肌暂时缺血、缺氧而引起的发作性胸骨后疼痛，为突然发作的胸骨上段或中段的压榨性、窒息性疼痛，多伴有闷胀感。疼痛持续时间多为 1～5 分钟。休息或服用硝酸甘油后症状可得以缓解。

缓解心绞痛 甩手拍脚

操作方法 ●●●

1 身体站直，脚趾用力抓地，两脚距离等于肩宽，两臂同方向前后摇摆，向后用点气力，向前不用力，随力自行摆回，两臂伸直不弯曲，眼睛向前看。开始每次做 200 下，然后逐步做到每次 500 下，每次 30 分钟。

2 两脚双盘，脚心朝天，如坐莲花垫，然后脚掌用手背各打 12 次，中途可适当饮些开水，每次 15～30 分钟。

小贴士
该动作宜做到手、脚、头逐渐发热。

功效 该动作可以促进末梢血管中的血液充盈，使血回流的压力增强，血运行的速度加快。这样可减轻心脏输出的压力，有利于缓解心绞痛。

操作方法 ● ● ●

揉压心俞穴

宽胸理气

四指并拢，揉压心俞穴 2 ~ 3 分钟。

心俞穴

功效 揉压心俞穴，具有宽胸理气、调养心脏的作用。

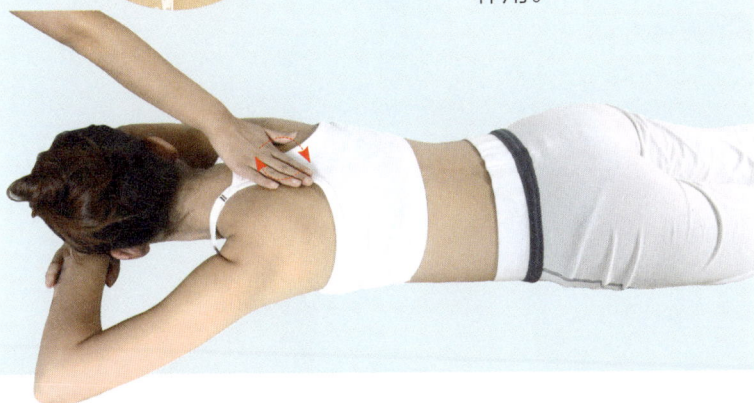

小 贴 士

在背部，当第5胸椎棘突下，旁开1.5寸即心俞穴。

操作方法 ● ● ●

按压膻中穴

增加心肌供血

膻中穴

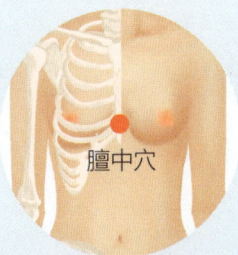

用四指指腹稍向下用力按压膻中穴半分钟，然后顺时针、逆时针方向各按揉5次，至有酸麻、胀感。

功效 按压膻中穴有改善心脏神经调节的作用，能够增加心肌供血。

小 贴 士

两乳头连线的中点即是膻中穴。

032 中了暑
按按捏捏清热解暑

中暑是指在暑热天气、湿度大和无风的环境条件下，表现以体温调节中枢功能障碍、汗腺功能减退和水电解质丧失过多为特征的疾病。中暑的典型症状有头痛、头晕、口渴、多汗、四肢无力发酸等。

疏风清热
掐压人中穴

操作方法 ●●●

人中穴

用食指尖掐压人中穴，每分钟掐压 20 ~ 40 次。

扫一扫，看视频

小贴士

人中穴位于上嘴唇沟的上 1/3 与中 1/3 交界处。

功效 掐压人中穴具有开窍醒神、疏风清热的作用，为急救中暑要穴。

操作方法 ● ● ●

少冲穴

用拇指和食指轻轻夹住小指指甲两侧的凹陷处，以垂直方式轻轻揉捏1～2分钟，然后再揉捏另一侧少冲穴。

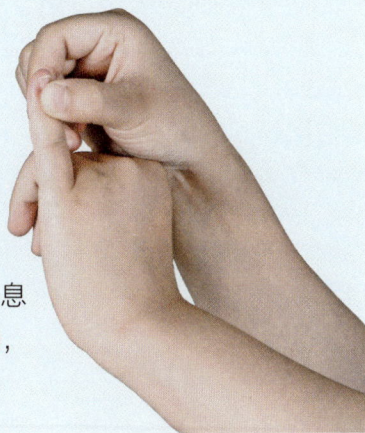

功效 揉捏少冲穴有清热息风、醒神开窍的作用，可缓解中暑症状。

揉捏少冲穴
清热息风治中暑

小贴士

少冲穴在左、右手部，小指指甲下缘，靠无名指侧的边缘上。

操作方法 ● ● ●

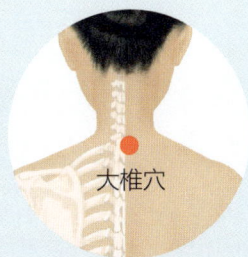

大椎穴

将右手食指指腹放在大椎穴上，中指、无名指、小指附于穴位旁，食指用力按揉0.5～1分钟。

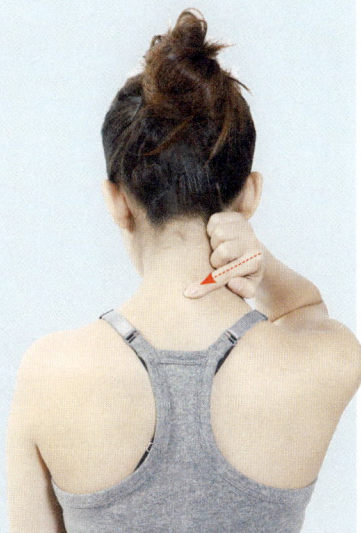

功效 按揉大椎穴可调理全身阳气，清泄人体热盛暑湿之气。

按揉大椎穴
清泄暑热

小贴士

大椎穴位于项背部脊柱区，第7颈椎棘突下凹陷中，后正中线上。

033

不起眼的小动作
预防脑卒中

脑卒中因发病急骤，症见多端，病情变化迅速，与风之善行数变特点相似，所以称为中风。病发时以突然晕倒、不省人事，伴有口角歪斜、语言不利、半身不遂，或不经昏仆仅以口歪、半身不遂为主要症状。脑卒中的发病率和死亡率较高，并常留有后遗症。由于脑卒中这些特点，所以日常预防就尤其必要。

防脑卒中

摩颈、耸肩

操作方法 ● ● ●

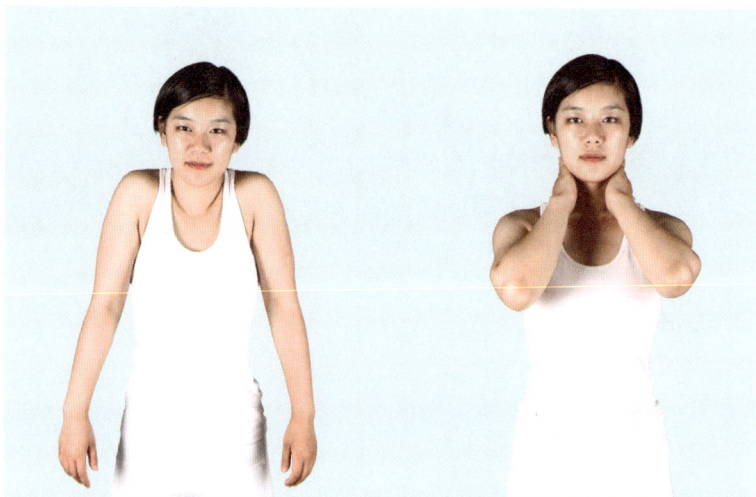

1 耸肩。每天早、晚做双肩上提、放下的反复运动，每次做 3 ~ 5 分钟。

2 摩颈发热。双手摩擦发热后，迅速按摩颈部左右两侧，要用力中等，速度可以稍快，以皮肤发热、发红为度，每天早、晚各做 3 ~ 5 分钟。

小贴士

该方法不仅适用于预防脑卒中，还适用于脑卒中留下后遗症的患者。

功效

耸肩运动，能使肩部的神经、肌肉放松，活血通络，为颈动脉血液流入大脑提供推动力，从而减少脑血管供血不足和局部发生梗塞的危险；摩颈可促进颈部血管平滑肌松弛，改善血管的营养供应，减少胆固醇沉积，改善颈动脉硬化程度，从而有利于大脑供血通畅，减少脑卒中发生的危险。

两脚画圈、按揉丰隆穴

降低脑卒中危险

操作方法 ●●●

1 两脚划圈。自然站立，旋踝时，其中一脚站立，另一只脚旋转，双脚交替进行，也可取坐立或仰卧位进行，最好是站立旋踝。通常每天早、晚各做一次，或只做一次，每次15分钟左右为宜。

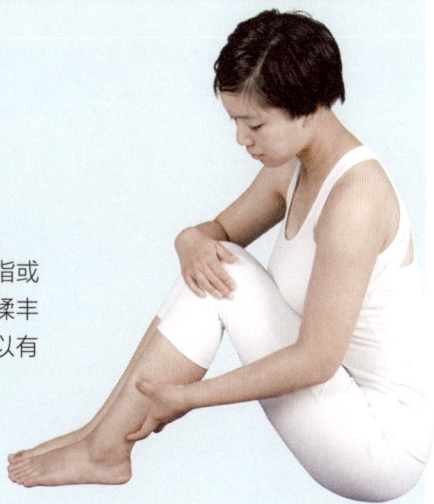

2 按揉丰隆穴。用拇指或食指指腹稍用力按揉丰隆穴1~3分钟，以有酸胀感为度。

小贴士

外膝眼和外踝尖连线的中点，当外踝尖上8寸，即丰隆穴。

功效 足部距离心脏位置相对较远，经常活动足踝部，可以促进全身的血液循环，增加回心血量，从而起到预防脑卒中的作用。

034

按按捏捏
快速止鼻血

鼻出血多因鼻腔病变引起，也可由全身疾病所引起。鼻出血多为单侧，亦可为双侧；可间歇反复出血，也可持续出血。当出现鼻出血时，做做动作按捏，就可抑制出血，减轻症状。

止鼻血

互勾中指

操作方法 ●●●

1 左、右两手中指互勾，右手心朝下，左手心朝胸；或左手心朝下，右手心朝胸均可。

2 中指勾住后尽力往两侧拉紧，时间约1分钟，直到止住血为止。

小贴士

幼儿不会用双手中指互勾，大人可用自己两中指勾住幼儿的左、右中指，同样可止血。

功效 预防、治疗鼻出血。

操作方法 ● ● ●

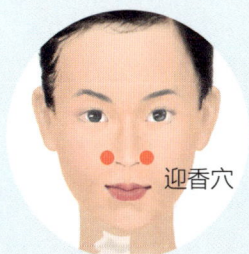

迎香穴

用两只手的食指指腹按住迎香穴，由内而外转36圈。

功效

迎香穴在鼻旁，能治鼻病，可以改善嗅觉。对于过敏性鼻炎、鼻出血等有良好的调理作用。

按揉迎香穴
调理鼻出血

小贴士

迎香穴位于人体鼻翼外缘中点旁，鼻唇沟中间。

操作方法 ● ● ●

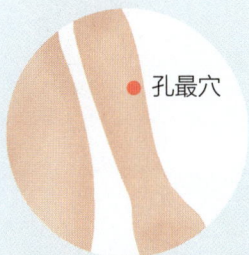

孔最穴

用拇指指腹用力按压孔最穴2～3分钟，以略感酸痛为度。

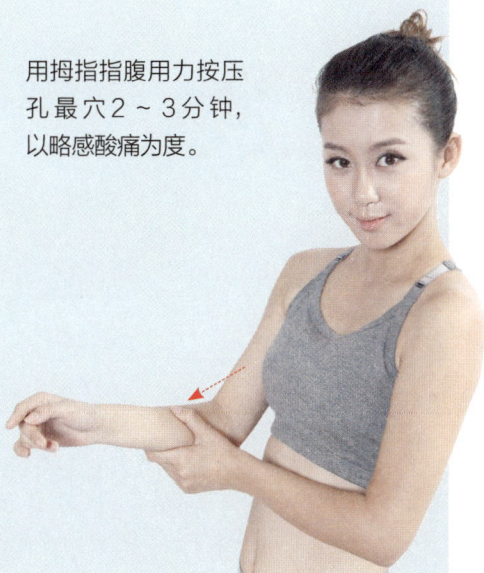

功效

孔最穴具有清热止血、润肺理气的作用，可用于调理天气干燥引起的鼻出血。

按压孔最穴
清热止鼻血

小贴士

孔最穴在前臂掌面桡侧，尺泽与太渊连线上，腕横纹上7寸。

035 睡出来的落枕
可以拿捏掉

落枕以颈部肌肉痉挛、酸胀、疼痛、转动失灵为主要症状。主要由两方面原因引起：一是肌肉扭伤，如夜间睡眠姿势不良，引起颈部一侧肌肉紧张，时间较长即发生静力性损伤；二是感受风寒，如睡眠时受寒，盛夏贪凉，使颈背部气血凝滞，筋络痹阻。

点按落枕穴
通经活络

操作方法 ● ● ●

落枕穴

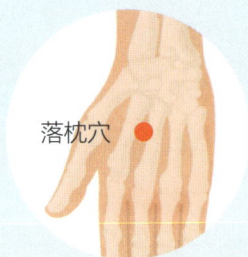

用拇指的指腹侧面，来回按压落枕穴。双手都要按压。

小贴士

落枕穴位于人体手背，在中指和食指相对的掌骨间，两指骨尽头起，向外一拇指宽处。

功效 落枕穴有通经活络、祛风止痛的功效，主治颈椎病、落枕、偏头痛。

操作方法 ●●●

四个简单动作

轻松摆脱落枕困扰

扫一扫，看视频

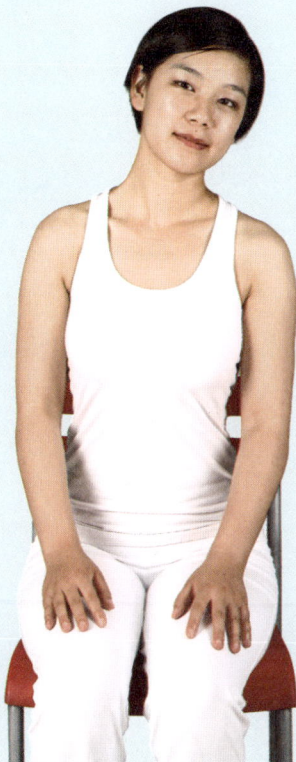

1 左右摇头。坐在椅子上，两臂放在大腿上，头先向左摆，再向右摆。连续摆20次。

2 低头仰头。坐在椅子上，挺胸，头先向下低，到下颌骨挨着胸部为止，然后向后仰头，停3秒钟后再低头。反复做20次。

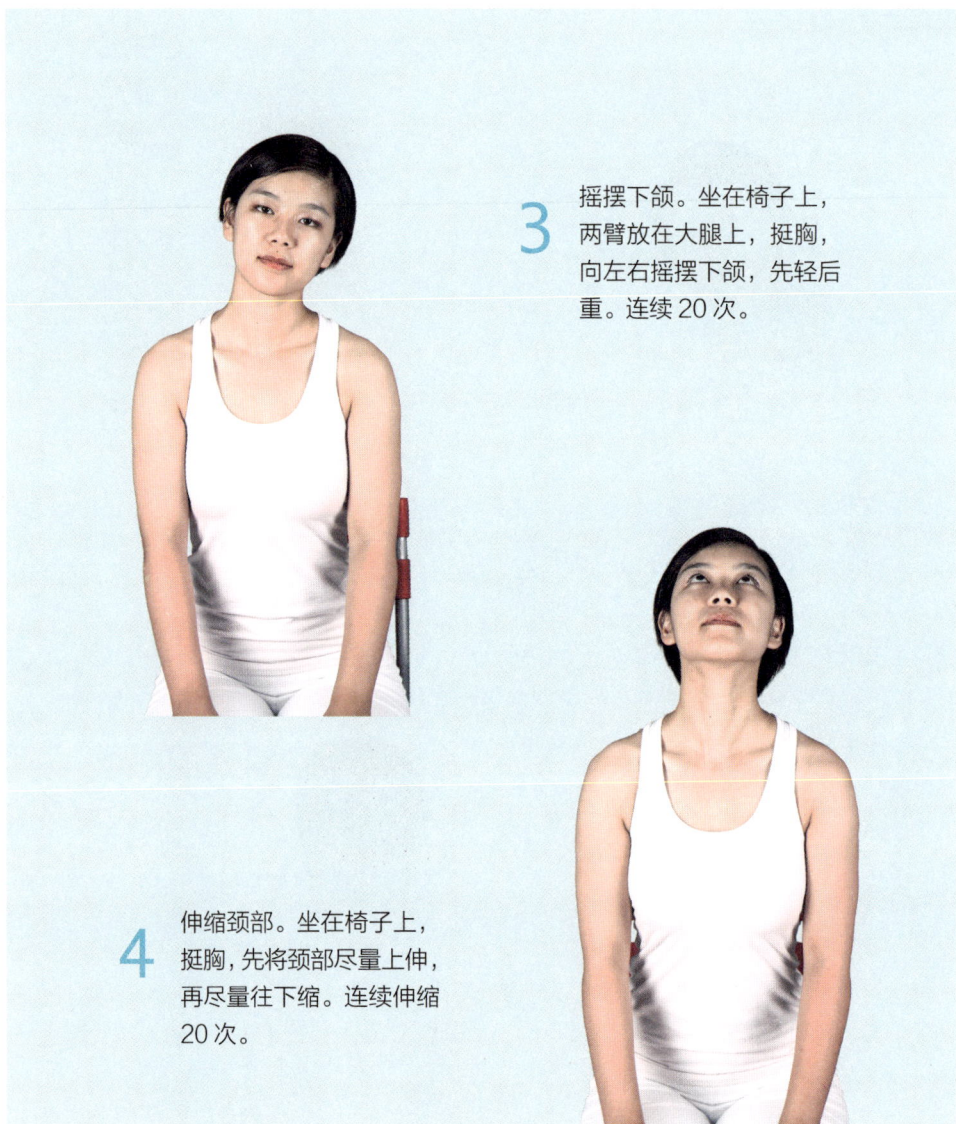

3 摇摆下颌。坐在椅子上，两臂放在大腿上，挺胸，向左右摇摆下颌，先轻后重。连续20次。

4 伸缩颈部。坐在椅子上，挺胸，先将颈部尽量上伸，再尽量往下缩。连续伸缩20次。

小 贴 士

上面的方法每次可选2～3项做，也可全做，每日2次。一般1～2天后症状即可减轻。

功效 改善颈部血液循环，减轻疼痛。

操作方法 ● ● ●

按揉风池穴

祛风散寒，缓解落枕

将双手食指或拇指指腹放在同侧风池穴上，其余四指放在头部两侧，适当用力按揉1~2分钟。

风池穴

功效 疏散风寒，防治气血瘀滞引发的落枕。

小贴士

风池穴位于后颈部，后头骨下，两条大筋外缘陷窝中，与耳垂齐平。

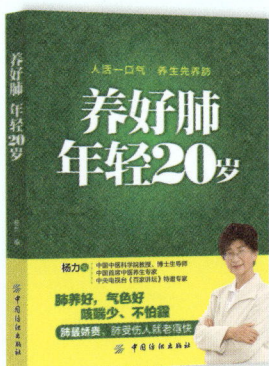

养好肺 年轻20岁
人活一口气，养生先养肺
养好肺 年轻20岁
杨力
肺养好，气色好
咳嗽少、不怕霾
肺最娇贵：肺受伤人就老得快
中国纺织出版社

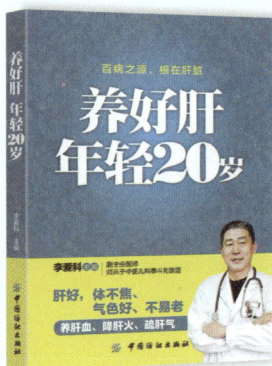

养好肝 年轻20岁
百病之源，根在肝脏
养好肝 年轻20岁
李爱科
肝好，体不焦、气色好、不易老
养肝血、降肝火、疏肝气
中国纺织出版社

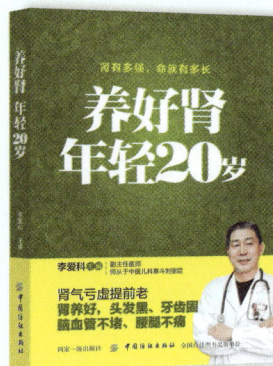

养好肾 年轻20岁
肾有多强，命就有多长
养好肾 年轻20岁
李爱科
肾气亏虚提前老
肾养好，头发黑、牙齿固
髓血管不堵、腰腿不痛
中国纺织出版社

养好膝盖 年轻20岁
膝盖强一倍，轻松活百岁
养好膝盖 年轻20岁
张大允
人老腿先老
腿老先从膝盖起
膝盖不受伤，有活力、身体棒
中国纺织出版社

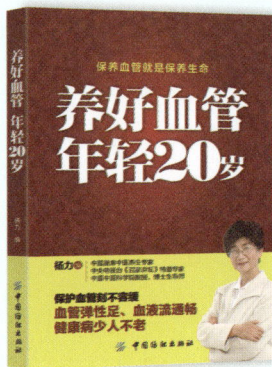

养好血管 年轻20岁
保养血管就是保养生命
养好血管 年轻20岁
杨力
保护血管刻不容缓
血管弹性足、血液流通畅
健康病少人不老
中国纺织出版社

养好脾胃 年轻20岁
养好脾胃，从根本上筑牢防衰老
养好脾胃 年轻20岁
裴胜
脾胃好，体不胖、脸色好、不显老
升脾气、降胃火、通中焦、除湿热
中国纺织出版社